글로벌 리더가 말하는 한국

글로벌 리더가
말하는 한국

김환기 편

역사인

차
례

이어령 전 문화부장관, 평창동 「영인(寧仁)문학관」

"디지털(digital)을 해보니까, 디지털만 가지고도 안된다는 걸 알게 되고,
역시 사람은, 학교라는 것은, 온라인 강의만으로는 안되고,
사람하고 사람이 '접촉(analog)'해야 한다는 걸 알게 된 겁니다."

- 이어령 -

이어령 李御寧(1934~2022)

충남 아산 출생
1952 부여고등학교를 졸업
1956 서울대학교 국어국문학과 졸업
1960 서울대학교 대학원 국어국문학과 졸업(석사)
1987 단국대학교 대학원 국어국문학과 졸업(박사)
1960~1972 《서울신문》《한국일보》《중앙일보》《경향신문》《조선일보》 논설위원
1966~1989 이화여대 국어국문과 교수
1972~1985 월간 『문학사상』 주간
1988 서울올림픽 개·폐회식 기획 연출
1990~1991 초대문화부장관
1994~2022 대한민국예술원(문학) 회원
1999~2000 새천년준비위원회 위원장
1999~2001 이화여대 국어국문학과 석좌교수
2006 일본 오테마에(大手前)대학 명예박사
2008~2019 한중일 비교문화연구소 이사장
2009~2010 유네스코 세계문화예술교육대회 조직위원회 위원장
2009~ 일본 나라(奈良) 현립대학 명예총장
2011~ 이화여자대학교 석좌교수
2012~ 세종학당 명예학당장
2016~2022 경기 디지로그 창조학교 명예교장

수상

〈아시아코스모폴리탄상 기념상〉(2023), 〈금관문화훈장〉(2021), 〈광화문문화예술인상〉(2020), 〈홍진기 창조인상-특별상〉(2020), 〈소충사선문화상-특별상〉(2011), 〈자랑스런 이화인상〉(2011), 〈기독교문화대상-문학〉(2011), 〈한민족문화예술대상-문학〉(2009), 〈마사오카 시키 국제 하이쿠상〉(2009), 〈만해대상-문학〉(2008), 〈마크 오브 리스펙트상〉(2007), 〈3·1문화예술상-문학〉(2007), 〈자랑스런 서울대인상〉(2006), 〈대한민국 예술원상〉(2003), 〈서울특별시 문화상-문학〉(2001), 〈일본국제교류기금대상〉(1996), 〈일본디자인문화상〉(1992), 대한민국 〈청조근정훈장〉(1992), 〈체육훈장 맹호장〉(1989), 대한민국 〈문화예술상〉(1979) 등 수상

대표 저서

논문·평론 《저항의 문학》(문학사상사, 2003), 《전후문학의 새물결》(신구문화사, 1963), 《공간의 기호학》(민음사, 2000), 《한국인 이야기》(파람북, 2020), 《생명이 자본이다》(마로니에북스, 2013), 《시 다시 읽기》(문학사상사, 1995), 《흙 속에 저 바람 속에》(현암사, 1963), 《하나의 나뭇잎이 흔들릴 때》(문학사상사, 2002), 《디지로그》(생각의 나무, 2006), 《젊음의 탄생》(생각의 나무, 2008), 《지성에서 영성으로》(열림원, 2010), 《축소지향의 일본인》(갑인출판사, 1982), 《하이쿠로 일본을 읽다》(PHP연구소, 1983), 소설 《장군의 수염》(현암사, 1966), 《환각의 다리》(서음출판사, 1977), 시집 《어느 무신론자의 기도》(문학세계사, 2008), 《헌팅턴비치에 가면 네가 있을까》(열림원, 2022), 희곡 《기적을 파는 백화점》(갑인출판사, 1984) 등

디지로그digilog 시대의 접촉과 접속
- 포스트 코로나 시대의 한중일 -

이어령(전 문화부장관) × **김환기**(동국대 문과대학장)

유난히 비가 많았던 2020년 여름, 6월 장마가 8월까지 계속되면서 매스컴에선 역사상 가장 긴 장마라는 뉴스가 연일 흘러나온다. 지난 2019년 연말에 시작된 '코로나19'의 폭발력은 끝내 전세계를 팬데믹으로 몰아넣었고 한국도 예외일 수 없었다. 지구촌의 코로나 펜데믹이 미래의 인간사회를 어떻게 바꾸어놓을지 가늠하기 어려운 형국이다. 이제 인간사회는 과거와 같은 일상을 회복하지 못할 것이란 우려가 지배적이다. 지금까지의 가족, 친구, 학교, 직장의 모습을 바꾸어놓을 것이고, 낭만적인 대학가의 교육, 연구 패러다임도 바뀔 것임을 일찌감치 예고하고 있다. 물질 중심적인 인간사회의 가치와 환경에 근원적인 성찰이 필요한 시점이다. 이런 코로나=마스크 시대에 일찌감치 접촉아날로그/대면과 접속 디지털/비대면의 절묘한 융합/조화를 역설하셨던 우리 시대의 진정한 스승, 세계적인 석학 이어령 장관님께서 오늘날의 인문학적 가치, 정신적 나침반을 제시해 주셨다

● **1차 대담** 2020년 08월 13일 ● **2차 대담** 2021년 10월 06일
● **장소** 평창동 「영인문학관」

김환기 장관님 안녕하십니까. 2017년 한중일비교연구소와 저희 일본학 연구소가 공동으로 심포지엄을 개최했을 때 뵙고 처음인 것 같습니다.

이어령 벌써 5년이 지났군요. 제가 한중일 지식인들을 모아 출범시킨 한 중일비교연구소가 세 국가를 돌면서 재미있게 국제학술행사를 했었는데, 지금은 여러가지 사정으로 그렇게 하질 못해 안타깝습니다.

김환기 2010년 동국대 다향관에서 국제심포지엄을 개최했을 때, 장관님 께서 《A.I. 시대와 아시아의 공유가치 생명화》라는 주제로 강연을 하셨습 니다. 미래사회는 확실히 AI, 디지털 시대로 변화해 가겠지만, 그래도 여 전히 인간 중심의 아날로그적 가치는 유효할 것이라고 말씀하셨지요. 특 히 미래사회는 '인적자본, 사회자본, 문화자본, 자연자본, 생명자본'의 융 복합적 가치를 추구하면서도, 역시 인간의 가치가 중심에 서는 디지로그 digilog 시대의 '융합'과 '통합'의 가치를 인식해야만 한다고 강조하셨습니 다. 주지하시다시피 최근 '코로나 펜데믹'으로 한국사회는 물론 전세계가 갈피를 못잡고 있습니다. 지적 낭만으로 넘쳐나야 할 대학가는 신입생들 의 발길이 끊겨 빈 강의실이 넘치고, 거리풍경은 '사회적 거리두기'로 스 산하기 짝이 없습니다. 활기로 넘쳐야 할 한국사회가 점점 생기를 잃어가 고 있는 것 같아 안타깝습니다. 문제는 이러한 코로나 팬데믹 형국을 국 가든 학계든 슬기롭게 극복할 수 있는 미래지향적 가치를 제시하지 못한

다는 점입니다. 장관님께서는 일찍부터 인간사회의 다양한 위기를 읽어
내시며 접촉과 접속, 디지로그라는 관점에서 '공유가치의 생명화'를 역설
하셨습니다. '코로나 펜데믹' 시대의 인간에게 진정 중요한 가치가 무엇인
지, 포스트 코로나 시대를 어떻게 준비해야 하는지, 불안한 오늘을 살아
가고 있는 저희들에게 장관님의 고견을 들려주셨으면 합니다.

이어령 사실, 내가 디지로그란 용어를 쓸 때만 하더라도 무슨 소린지 몰
랐던 겁니다. 코로나를 겪고 보니까, 어, 이걸 일찌감치 내가 예언한 것임
을 알게 된 겁니다. 대학 강의에서 대면 수업을 하는 게 일반적이었는데,
요즘은 초중등 교육 현장과 대학가에서 비대면 수업이 일상적이잖아요.
그나마 병이 안 걸리는 방법이 디지털이라는 걸 알게 된 것이고, 이 디지
털마저 없었으면 어떻게 되었겠어요. 그런데 디지털을 해보니까, 디지털
만 가지고도 안된다는 걸 알게 되고, 역시 사람은, 학교라는 것은, 온라
인 강의만으로는 안되고, 사람하고 사람이 '접촉'해야 한다는 걸 알게 된
겁니다. 그러니까, 뭐야 고슴도치의 딜레마라는 건데요. 쇼펜하우어Scho-
penhauer와 미국 정신분석학자 지그문트 프로이트Sigmund Freud라는 사람
이 얘기한 건데, 추운 겨울이 오면 고슴도치처럼 생긴 일종의 돼지만한
호저라는 놈이, 추우니까 서로 다가서지 않습니까. 그런데 남극의 펭귄
들처럼 가까이 오면 찔리게 되고, 찔리면 코로나에 걸려드는 거지요. 멀
리 떨어져 있으면 외롭고 춥고, 그러니까 가까이 다가오지도 못하고 멀

글로벌 리더가 말하는 한국

리 떨어질 수도 없는, 그래서 찔리지도
걸리지도 않는 그 절묘한 조화의 공간을
발견해 낸 겁니다.

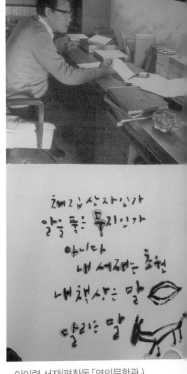

이어령 서재(평창동 「영인문학관」)

개인과 집단의 관계도 마찬가지입니다. 혼자 있으면 외로워서 집단에 들어가지만, 집단에 가면 또 개인이 소외되고 모멸당하게 되는 거지요. 이런 관계가 디지털과 아날로그의 관계인 겁니다. 코로나를 겪으면서 그동안 우리들이 의식하지 못했던 아날로그의 가치가 얼마나 소중한지, 학교에 가고 친구들 만나고, 일상적인 생활을 꾸리며 산다는 게, 얼마나 소중한 건지를 깨닫게 된 겁니다. 역설적이지만 이번 코로나를 통해 디지털 세계가 얼마나 중요한지를 10년 앞당겨 학습하게 되었고, 살결 냄새 나는 오프라인의 아날로그 세상이 참으로 소중하다는 걸 깨닫게 된 겁니다. 강의를 듣는 수업만의 대학이 아니라 잔디밭 교정을 거닐며 친구들과 사사로이 잡담을 나누던 것 역시, 대학을 구성하는 중요한 요소라는 사실을 알게 된 겁니다. 그러니까 아날로그의 중요성을 발견한 거지요. 바로 접촉과 접속입니다. 접촉은 페이스 투 페이스, 서로 대면하며 살을 만져봐야

되는 것이고, 접속은 코로나가 절대로 다가오지 못하는 차가운 디지털 세계를 의미합니다. 양쪽의 접촉과 접속을 어떻게 해야겠어요, 같이 갈 수밖에 없다는 겁니다.

김환기 장관님께서 말씀하신 접촉과 접속의 절묘한 융합/소통 구조, 현대사회와 디지로그의 관점이 저에게는 아주 신선하게 다가옵니다. 최근의 인문학적 담론에서 디아스포라diaspora의 경계의식과 트랜스네이션transnation을 의식한 글로컬라이제이션globalization+localization의 관점이 주목을 받고 있는데, 큰 틀에서 보면 월경越境의 디아스포라적 세계관이 상징하는 혼종/융합의 가치와도 상통하는 개념이 아닌가 싶습니다.

이어령 그렇습니다. 결국 우리가 코로나 사태를 통해 뭘 발견했느냐, 미래의 사회는 디지털만 가지고도 안 되고 아날로그만으로도 안 되는 두 세계가 상호보완 관계가 돼야 합니다. 즉, 아날로그가 디지털이 되거나 디지털이 아날로그로 돌아오는 세계가 아니라, 온라인과 오프라인, 디지털의 정량적인 것과 정성적인 것, 열 길 물속을 재는 것과 한 길 사람 속을 재는 길, 이 두 가지의 가치, 정성과 정량, 디지털 공간의 '접속'과 아날로그 현실의 '접촉'이 상반된 관계가 아닌, 그것이 하나로 융합한 디지로그digilog=digital+analog 시대를 말합니다.

그래서 정보는, 정보 말이죠, 미디어가 아니라 생명이다. 생명이 되는 겁니다. DNA, 디지털! 코로나가 보기에는 생명도 아니고 무생명도 아니잖아요, RNA라고 하는 의미만 있지 않습니까. 그러니까 정보가 생명이라고 하는 겁니다. 물질이 정보를 가지고 있으면 증식이 가능한 것입니다. 그래서 내가 생명이라고 한 것은 반드시 알고 한 얘긴 아니지만, 앞으로의 미래는 디지로그 시대가 오고, 생명자본의 시대가 온다는 겁니다. 마스크 한 장을 사기 위해 길게 줄을 서는 그런 시대, 그게 바로 생명자본이라는 겁니다. 어떤 물질적 가치보다도 생명의 내재적 가치가 우선한다는 사실을 발견하게 되고, 그 순간 물질자본이 생명자본으로 전환하는 현장을 목격하게 된다는 겁니다. 엄청난 질병, 죽음을 직면하게 되니까, 온 세상이 다이아몬드 하나보다 마스크 하나가 중요하다는 것을 알게 된 거고, 어마어마한 빌딩, 엄청난 군사력, 은행에 쌓인 그 화려한 증권들, 그 모든 물질자본들이 코로나 한 방에 날아가는 현실을 목격하고 있는 겁니다.

눈에 보이지도 않는 가장 원시적인, 생명체도 아닌, 물질인지 생명인지도 모르는, 그 전자현미경으로 봐야 겨우 보이는, 그 박쥐 몸에 박혀 있는, 고생대 중의 고생대에 있었던, 가장 덜 떨어진 그것이, 가장 첨단을 달린다는 21세기를 쑥대밭을 만들잖아요. 이렇게 인류에게 몇 천억을 들여도 못시킬 교육을, 학습을, 이번에 코로나가 전 지구촌에 보여준 겁니다. 디지로그와 생명자본을 정말 뼈저리게 못 느끼면, 코로나는 인류를 멸망시키는 재앙이 된다는 것, 그렇게 디지로그와 생명 가치는 새로운 문명에 생명이 얼마나 귀중한 것인지를 제대로 알려준 것이지요.

김환기 장관님이 말씀하신대로, 이번에 가장 원시적인 이면에 존재하는 보이지 않는 생명체, 바이러스가 오늘날의 최첨단 물질문명을 쑥대밭으로 만들어버리는 현장을 전세계가 지켜보고 있습니다. 코로나 펜데믹은 인류사회가 근원적인 생명자본의 가치를 제대로 인식해야함을 분명하게 가르쳐주고 있습니다.

이어령 그러니까, 이번에 디지털과 아날로그, 정량적인 것과 정성적인 것이 대립이 아니라, 상호보완적으로 작용한다는 것, 정보가 생명이라는 걸 알게 된 겁니다. 정보는 빅데이터big data를 만들어 물건을 팔아먹으려고 있는 것이 아니라는 것, 저 인공지능이 코로나 펜데믹을 인간보다 먼저 알았던 거지요. 사람 아닌 인공지능이. 그것도 통계적으로 나흘 전에 말입니다. 그러니까 오늘날 학문을 하든 정치를 하든, 인간사회가 옛날식으론 회귀하지 못한다는 겁니다. 이제는. 코로나를 겪기 이전의 세상, 그 옛날 세계로는 못 돌아가는 거예요.

보통 때는 COV-2라고 했잖아요. 코로나 바이러스거든요. '씨오브이'라고 하지요. '씨오'는 코로나, '브이'는 바이러스라는 뜻인데, 그런데 보세요, 거기에 D자가 붙은 겁니다. COVID-19. 씨, 오, 브이에 디가 붙었어요, D가 뭐에요. 병이라는 뜻이잖아요, disease 질환이라는 뜻이거든요. 그러니까 이제 코로나는 이머징 바이러스emerging virus라고 하는데, 우리와 관계없는 에이즈AIDS나 뭐처럼, BSA당뇨병유발인자처럼 여태껏 듣도 보

이어령 서재(평창동 「영인문학관」)

도 못했던 게 수면 위로 확 올라온 겁니다. 돌연히 나타났고, 그래서 이머징 바이러스, 이머징 바이러스 그러는 겁니다. 여태까지 에이즈니 뭐니 이런 게, 이머징 바이러스였는데, 이번 코로나는 D자가 붙어서, 결국 폐병이며 십이지장충, 무슨 이질 같은 병이 돼버린 겁니다. 이머징 바이러스가 아니라 일상적인 하나의 병이 돼버린 거지요. 말하자면 바이러스가 언제 끝나냐가 아니라, 이제는 암과 같은 일상적인 병들처럼 우리들이 끌어안고 가야한다는 겁니다. 일상적인 독감 수준으로 인식하며 불안에서 벗어나야 한다는 겁니다. 메르스MERS처럼 없어진다, 어느날 없어진다가 아니라, 우리들이 같이 안고 살아가는 시대를 맞았다는 겁니다. 그렇게 '포스트 코로나Post-COVID'라는 새로운 문명을 만들어 준 겁니다.

유럽의 페스트Yersinia Pestis가 그랬습니다. 다윈이 3대 물리혁명을 일으킨 것은, 영국의 옥스퍼드에서, 페스트로 옥스포드 대학이 문을 닫고, 할 일이 없으니까, 그때 생각해 낸 겁니다. 그 사과 떨어지고 한 게 다 그때 얘기잖아요. 밀턴Milton은 페스트 때문에 도망가서, 그 유명한 『실락원』을 쓴 겁니다. 그래서 그렇게 지옥장면이 생생하다는 거 아닙니까. 영국이 1664년, 1665년에 큰 불이 났었는데 재앙이 두 번 겹쳤어요, 우리 홍수 나고 하듯이, 그 이후에 영국의 새로운 산업화 사회가 만들어진 겁니다. 파리는 마르세이유Marseille에 엄청난 페스트를 얻어맞고, 18세기 마지막에 만들어지고요. 그렇게 프랑스 파리가 예술의 도시, 19세기를 꽃피우는 문화수도가 된 겁니다. 옛날에 중세 때는 로마 쪽의 피렌체, 그쪽으로 페스트가 왔습니다. 그러니까 엄청난 페스트를 앓고, 병을 극복하며 딛고 일어서면서 번영을 하고, 새로운 역사가 만들어졌음을 알 수 있습니다. 장원제도가 없어지고 일할 농민들이 죽으니까 농업에서 유목으로 바꿔버렸고, 농지가 목초지로 변해간 겁니다. 그렇게 해서, 서양이 육식을 하게 되고, 벽돌집을 짓기 시작했고, 오늘날 좋은 건지 나쁜 건지 모르겠지만, 동양을 이길 수 있게 되었다고 할 수 있습니다. 동양에서는 서양처럼 그렇게 밀집지대가 없으니까, 흑사병 같은 게 덜했던 것이고, 사실 페스트가 가기는 중국에서 나갔지만 당하긴 유럽에서 호되게 당했습니다. 이번의 코로나 우한도 마찬가지잖아요.

김환기 요즘, 대학가에는 '대면'과 '비대면' 강의에 대한 찬반논쟁이 뜨겁습니다. 현실적으로는 대면 수업보다 비대면 수업이 보편화 되면서 학생회의 등록금 반환 투쟁까지 일고 있어, 확실히 인간중심의 가치가 자연환경과 부딪히고 있음을 실감합니다. 제가 동국대 문과대학장을 맡으며 대학생들과 밀접하게 호흡하고 있어 그런지, 장관님께서 말씀하시는 접촉과 접속, 디지털과 아날로그라는 용어가 새삼 중요하게 들립니다. 현대사회에서 접촉과 접속은 분명 피해갈 수 없는 상황이고, 사람들은 이 두 개의 가치, 영역을 어떻게든 상호보완적으로 이끌어가야만 할 텐데요. 보시다시피 우리 인간사회의 그칠 줄 모르는 물질적 욕망을 보면, 과연 그런 균형의 가치, 융합/공생의 철학을 열어갈 수 있을지 걱정입니다. 원시적 자연환경의 파괴에 따른 원시생명의 반란이라고 해야 할지, 아무튼 물질 중심으로 치닫는 인간사회를 향한 코로나의 경고는 강력한 것 같습니다. 남북극의 빙하가 녹아내리고, 아마존의 밀림이 불타고, 거대한 허리케인이 밀려드는 것을 지켜보면서, 정말로 인간사회의 위기를 실감하고 있습니다.

이어령 사실 오늘날의 경쟁사회에서는 나自에게 득이 되는 것은 남他에게는 실失이 되고, 남에게 득이 되는 것은 나에게는 해가 되는 대립관계로 형성되어 있습니다. 이것 아니면 저것이라는 이분법적 배제의 논리가 지배해 왔기 때문입니다. 하지만 신기하게도, 코로나 펜데믹으로 우리는 마스크의 본질과 그 기능이, 그 어느 한쪽이 아니라 양면을 모두 통합한 것이라는 사실을 발견하게 된 겁니다. 나를 위해서 쓰는 마스크는 곧 남을 위해서 쓰는 마스크라는 공생의 관계는, 지금까지 생명의 진화를 먹고 먹히는 포식 관계에서 남을 착취하는 기생 관계로 해석해 왔던 편견에서 벗어날 수 있게 한 겁니다.

그러니까 '자리행 이타행自利行 利他行'과 '자타불이自他不二'라는 경영학의 '원원전략'을 깨우치게 해 준 겁니다. 원래 한국에는 '누이좋고 매부좋고' '도랑치고 가재잡고' 같은 말들이 있잖아요. 하지만 서구문명이 주도해온 실제 경쟁사회에서는 모두가 공염불인 거지요. 예를 들어, 마스크를 컴퓨터라고 생각해 보세요. 우리가 지금 사용하고 있는 노이만Neumann 시스템의 컴퓨터는 0과 1의 대립과 차이를 바탕으로 한 것인데, 앞으로 등장하는 양자 컴퓨터는 0과 1이 포개져 있어요. 디지로그와 생명자본은 이것이냐 저것이냐의 택일적 차이가 아니라, 이것도 저것도 함께 하는 시스템을 의미합니다. 어려우면 이솝우화의 게임 규칙이 얼마나 허망한 것인가를 보면 됩니다. 물에서 뛰는 토끼와 바다에서 헤엄치는 거북이에게, 땅에서 달리기 경주를 시켜보세요. 아무리 노력해도 거북이가 지는 게임입니다. 오늘날 2030 젊은이들이 절망하는 것이 바로 불공정한 잘못된 게임 규칙과 그 일반적인 획일화의 잣대입니다. 만약 게임 룰을 바꿔 헤엄치는 경주를 해보세요. 토끼는 패자가 아니라 익사자가 되고 말 겁니다. 그러니까 단일의 물질자본돈을 잣대로 하는 사회를, 다양한 생명을 자본

글로벌 리더가 말하는 한국

으로 삼는 사회로 바뀌나가야 하는 이유가 분명해지는 거지요.

그래서, 아시아가 잘못하면, 다 죽었던 유럽이 다시 깨어난다는 겁니다. 우리는 현재의 긴급 사태를 잘 관리하고 견뎌내서, 새로운 미래지향적인 가치를 준비해야 합니다. 에볼라를 보면 알잖아요. 인권 무시하고, 획일적으로 국가권력을 작동시켜 마구 통제하고, 개인의 프라이버시 Privacy 같은 거 무시하고, 법을 초법적으로 적용하는, 중국, 한국이 그런 걸 한 겁니다. 코로나라는 국가적인 긴급사태, 보통 때는 상상도 못할 정도로 줄을 서고, 마스크를 두 장씩 사고, 언제 우리가 그래 봤었나요? 비상, 긴급이라는 이름 하에 인권이며 법 모든 게 정지됐습니다. 그런데 서양은, 오늘날 우리보다 훨씬 많은 피해를 입으니까, '아, 니들 뭐야' 하고 웃지만, 그들은 마스크 하나 쓰는 것도 정부가 관리를 못하는 겁니다. 그러니까 피해가 더 큰 것이지만, 말하자면 개인과 사람의 인권을 생각하는 가치가 있다는 것입니다.

그렇다고 우리가 인권을 통제하고, 전체주의 그렇게 가야겠어요? 그러니까, 우리가 그동안 겉으로 자유니 인권이니 프라이버시니 법이니 표방한 것은, 거품이었다는 겁니다. 거품이었던 거예요. 개인, 인권이 체질화된 서양에서는 사람이 죽어도, 내가 어디 갔다 왔냐고 그걸 어떻게 물어요, 개인의 사생활인데. 상상도 못하는 일이잖아요. 못질을 하고, 녹다운을 시켜, 인권이고 뭐고 초법적으로 할 수 있는, 그것이 가능했던 것은 아시아 지역이었다는 겁니다. 일본만 해도 그렇게 못하는 거지요.

김환기 장관님께서 말씀하신 마스크의 가치, 공간의 이면에 감춰진 텍스트에 없는 디지로그와 생명자본을 인식하는 코로나 패러독스 효과가, 저에게는 아주 소중하게 다가옵니다. 장관님께서는 동아시아라는 용어보다 '한중일'이라는 용어를 즐겨 사용하시는 것 같습니다. 어디선가 장관님의 글을 읽었는데, '한중일 가위바위보'도 그렇고, '삼각 삼국 선순환'도 그렇고요. 동아시아 삼국의 상호보완적인 협력관계를 이끌어내기 위한 전략의 하나로서, 한중일의 정치면 정치, 경제면 경제, 문화면 문화에 정통한 인재, 불교에서 말하는 인재 불사에 힘을 쏟아야 한다는 말씀을 늘 해오셨습니다. 얼마 전 교토에 계시는 왕청일 이사장(왕이호일본학연구재단)도 한중일비교연구를 할 수 있는 인재를 양성해야 한다고 말씀하셨는데요. 앞으로 한중일은 어떤 형태로 협력하며 상보적인 관계로 발전해 가야 하는지, 왜 삼각/삼국 한중일이 중요한지, 한중일의 미래지향적 가치는 무엇인지 고견을 듣고 싶습니다.

이어령 중국, 일본에 대한 게 아니라 우리가 제대로 하면 되는 겁니다. 중국 눈치, 일본 눈치 볼 것 없이, 우리가 제대로 하면, 중국이 우리를 존경하고, 일본이 우리를 존경하게 되는 거지요. 그렇게 될 때 진정한 친구가 되고, 그들과 대등하게 같은 텃밭에서 함께 일할 수 있는 겁니다. 우리가 예속되거나 의존하거나 했을 때는 머슴이 되고 만다는 것이고, 우리가 잘못하면 중국 대 일본 구도가 되고 맙니다. 그렇게 되지 않으려면 정말 꿇

리지 않고 당당해야만 합니다. 그러니까 삼국이 서로 삼각 형태로 물려서 선순환의 상생구도를 만들면 되는 겁니다. 이를테면, 한국이 있으면 일본 이 잘 되고, 일본이 잘 되면 중국이 잘 되고, 중국이 잘 되면 한국이 잘 되 는, 이러한 삼각관계를 만들 때, 비로소 아시아의 시대는 오는 것이고, 전 쟁 없는 시대가 되는 것입니다. 그동안 일본과 중국이 미국하고 다양한 관계를 맺어왔는데, 만일 미국 쪽에서 '너 중국 편이냐, 일본 편이냐, 미 국 편이냐' 하면 뭐라고 답변할 겁니까? 지금처럼 하면 안된다는 겁니다.

그래서 제가 예전에 한중일 '가위바위보'를 얘기했던 겁니다, 한중일 가 위바위보를. 그 얘기는 한국이 한중일에서, 한국연구 일본연구 중국연구 를 한다, 그 연구도 이항순환이나 이항대립의 형태가 아닌 삼항순환이어 야 한다는 거지요. 그러한 한중일의 선순환 형태의 상보적 연구를, 한국이 어떻게 할 것인가를 고민해야 한다는 겁니다.

김환기 한중일 가위바위보가 그런 것이군요. 그래서 장관님께서는 평소 한중일의 적자가 아닌 흑자, 대립구도가 아닌 긍정적 선순환을 강조하셨고, 그것을 위해 능력있는 정통한 인재를 키워내야 한다고 하셨는데요. 직접 한중일의 지식인들을 불러 출범시킨 한중일비교연구소나 저희 일본학연구소에서 그러한 역량있는 인재들을 키워내야 할 것 같습니다.

이어령 그래서 제가 언론계와 지식, 역사, 이런 분야의 학자들을 모아서 한중일비교연구소를 만들었고, 한국, 중국, 일본을 오가며, 여러 번 심포지엄을 열어 한중일 '가위바위보' 플랜을 가동시켰던 겁니다. 거기에는 일본의 나카소네 야스히로中曾根康弘 수상을 비롯해 저명한 학자들이 참가하고, 중앙일보와도 함께 했었는데, 근데 결과는 뭐예요? 한중일비교연구소웃음. 여러가지 사정으로 결국 지속할 수가 없었던 겁니다. 저로서는 무척 가슴이 아프고, 한중일 '가위바위보' 플랜을 북경, 서울, 일본을 오가며 재미있게 했었는데, 그렇게 쭉 세 바퀴를 돌았거든요. 세 바퀴를.

사실, 지금까지는 교민의 자격으로 일본 사회에서 자란 이회성재일코리안 작가, 『다듬이질하는 여인』으로 '아쿠다가와상' 수상처럼 작가가 된 사람도 있고, 일본유학을 통해 연구하는 사람, 두 종류밖에 없었어요. 유학을 통해 일본에서 학계에서 일하시는 분하고, 일본 국적을 가졌거나 교민으로서 활동하는 지식인. 그런데 이제는 한중일
을 종합적으로 보고, 한국/일본을 공
부해서 한중일에 정통한, 그러니까 제
3세대로서 일본에서 산 적도 없고, 유
학을 갔다왔다고 하더라도 한중일을
동시에 보는, 정통한 넥스트 제네레이
션Next generation을 지금 기르지 않으면
안됩니다. 과거처럼 일본사람이나 재
일 교민, 일본에 유학을 갔다온 사람
들이 중심이 되면, 과거의 프레임 속

『축소지향의 일본인』(甲寅出版社, 1982)

에서 벗어나지 못하는 거예요. 그래서, 뭐냐면 제3의 넥스트 제네레이션,
통시적인 시좌를 통해 한중일을 꿰뚫어 볼 수 있는, 그런 제3세대가 일본
연구를 할 수 있도록 인재를 키워야 된다는 겁니다.

앞으로는 그런 객관적, 보편적 세계관에 근거한 제3세대인 넥스트 제
네레이션의 통합/융합적 연구를 통해, 미국, 영국, 프랑스, 영국처럼 글
로벌 시각에서 한중일을 논할 수 있어야 합니다. 한국이 아시아의 한중
일, 그러니까 한국이 일본, 중국과 대등하게 삼분의 일1/3의 지분을 가진
아시아의 리더로서 자리잡아야만 합니다. 그동안의 '친일', '친중', '국수적
인 민족주의자'로 회자되는 것이 아닌, 글로벌 시대의 보편적, 열린 세계
관에 근거한 제3세대의 연구자 배출, 물리학자가 됐든, 수학자가 됐든,

정치학자가 되든, 글로벌 시대를 리드할 수 있는 일본연구자를 국가, 일본연구소, 일본의 교민들이 키워야 한다는 겁니다.

김환기 장관님 말씀 중에 일본의 교민들 이야기가 나왔으니까 말씀드립니다만, 저는 지난 20년간 전 세계에 흩어져 살고 있는 해외 한인들의 역사와 문화지형을 일본 호세이대학法政大學의 가와무라 미나토川村湊 교수와 조사를 했습니다. 북미지역을 비롯해 중남미의 멕시코, 브라질, 아르헨티나, 파라과이, 콜롬비아, 페루 등의 한국계와 일본계의 이민자들의 역사와 문학지형을 조사하고 연구했습니다. 물론 구소련권 고려인과 중국 조선족, 근대화/산업화 과정에서 독일로 갔던 광부/간호사의 역사와 문학지형도 조사를 했었는데요. 그 조사과정에서 해외 한인들의 특별한 지점들을 접하게 되었습니다. 한국인으로서의 민족정신, 도전의식, 생명력, 글로벌 경쟁력까지 자랑거리가 참으로 많습니다. 한국사회가 이들 해외 한인들의 특별한 역량들을 상생/공생 차원에서 적극적으로 활용했으면 좋겠습니다.

이어령 전 세계에 약 740만 명 정도의 해외동포들이 살고 있는데, 사실 이들의 간고한 이민역사는 한국의 굴곡진 근현대사와 밀접하게 맞물려 있습니다. 특히 식민지시대의 일본, 소련, 중국으로 건너간 동포들을 비롯해, 한국전쟁 이후 미군들과 결혼해 미국으로 건너간 여성들, 전쟁고

아, 그리고 박정희 정권의 근대화 산업화 과정에서 추진된 파독 광부/간호사, 남미로의 농업이민에 이르기까지 다양했습니다. 최근의 캐나다, 호주, 동남아시아로 진출하는 동포들까지 참으로 많습니다. 이들 해외 동포들은 조국 바깥에서 넓은 세계를 무대로 생존투쟁을 벌렸으니까, 민족정신이며 삶을 대하는 의지가 남다를 수밖에 없습니다.

그러니까, 해외 한인들은 앞으로 한국과 거주국 사이에 가교역할을 할수 있고, 이들이 한국 입장에서는 큰 자산인 겁니다. 특히 재일 교민을 비롯해 구소련권의 까레이스키들, 중국 조선족 등은 앞으로 한반도의 통일시대를 열어가는데도 중요한 역할들을 담당할 수 있을 겁니다. 해외 한인들이 고향/조국을 한시라도 잊었겠어요? 그들은 누구보다도 조국애와 글로벌 경쟁력을 지닌 특별한 존재입니다.

김환기 작년에 일본학연구소 개소 40주년을 기념해, 일본의 마루한 MARUHAN 그룹 한창우 회장님, 왕청일 이사장님, 교토 오구라 기조小倉紀藏 교수님, 가미 가이도上垣外憲一 교수님 등을 모시고 강연회/심포지엄을 가졌습니다. 그때 한창우 회장님의 "16세 표류난민에서 50조 기업가"로 성장하기까지 일본에서의 투쟁, 왕청일 이사장의 '심청전' 한 대목, 모두가 '재일동포'를 매개로 해, 한바탕 축제를 벌였습니다. 장관님 말씀처럼, 해외 동포들에게는 확실히 특별한 힘이 느껴집니다. 조국을 향한 민족정신, 바깥세계를 향한 도전의식 등, 실제로 해외 한인들 중에는 미국의 성킴주 한미국대사처럼 정치계를 비롯해, 하인즈 워즈미국력비선수나 역도산/장훈처럼 스포츠계에도 뛰어난 인물들이 많고, 세계무대를 배경으로 문화예술인으로 활약하는 분들이 많습니다. 저는 앞으로 한중일비교연구소/일본학연구소와 같은 학술적 소통플랫폼을 통해 이들 해외 한인들과 함께 하는 협력 프로그램도 중요하다고 생각합니다.

이어령 사실 해외 한인들의 조국사랑은 남달랐고 특별했어요. 제가 개막식과 폐막식 이벤트 문화행사를 기획했던 '88서울올림픽'만 해도, 재일동포들의 지원이 없었다면 아주 힘들었을 겁니다. 98년에 터진 IMF 때도 그렇고, 조국이 힘들어할 때마다 재일교민들은 엄청난 기금을 모아 송금했어요. 우리 근현대사에서 잊어선 안 될 참 고마운 역사입니다.

  이 얘기는 다른 자리에서 말했지만, 교토의 왕청일 선생 같은 분의 역할이 있었잖아요. 조국에 학술문화사업의 일환인 일본학연구소를 한국 최초로 출범시키고, 많은 학술연구에 투자하시지 않았습니까. 아까도 말씀드렸지만, 이제는 국가와 교민사회가 나서서 제3세대, 그러니까 넥스트 제네레이션 연구자들을 적극적으로 양성할 필요가 있습니다. 새 패러다임paradigm의 21세기형 일본연구를 지향하는, 단순한 필드연구나 지역연구가 아닌, 세계 콘텍스트context 속에서 범 지식인, 범 철학, 범 문명론자로서, 글로벌 시대에 걸맞는 학문적 확장을 담당할 인재를 키워내야만 합니다. 교토의 왕청일 선생보고 하시라고 해 보세요. 저는 말을 못했지

작가의 방(평창동 『영인문학관』)

만, 그분도 연세가 있으시니까, 인재양성 프로젝트, 그런 학술적인 인재를 양성하고, 특수한, 범 문화문명을 연구하게 하는 특별 프로젝트를 기획했으면 좋겠습니다. 제가 출범시킨 한중일비교연구소는 없어졌지만, 그런 역할을 일본학연구소가 꼭 담당해 줬으면 좋겠습니다. 단순히 일본학연구소가 아니고, 한중일, 또는 글로벌 세계 쪽에서의 열린 시각에서 일본연구를 확장시켰으면 좋겠어요. 왕청일 선생께서도 〈교토왕예제미술관〉도 만드셨고, 거기에 일본학자들도 많을 테니까, 충분히 가능할 겁니다.

그러니까 김환기 학장께서, 더군다나 학장으로 계시니까, 일본학연구소를 한중일로 확장해서, 그야말로 표면적으로는 한일간의 일본학연구소지만, 내면적으로는 한중일을 연구하는 글로벌 인재들이 모이는 센터로 발전시키길 바랍니다. 넓은 의미에서 일본학연구소가 문명비평의 영역까지 터치하고, 포스트 코로나 시대의 동서양, 동아시아, 한중일을 아우르는 학술 담론장으로 정착했으면 좋겠습니다.

김환기 제가 장관님의 말씀, 왕청일 이사장께 꼭 전해드리고, 저 역시 일본학연구소의 책임자로서, 한중일의 지식기반을 구축하고 상호 소통할 수 있는 담론장을 열어갈 수 있도록 노력하겠습니다. 여담이지만 제 고향이 경상도 문경인데, 얼마 전 공로명 장관님과 소백산 자락 영주와 문경을 여행했습니다. 문경 새재며, 일제강점기 박정희 대통령교사 시절 하숙집을 둘러보면서, 역시 문경은 산 좋고, 물 좋고, 인심 좋은 곳이라는 생각을 새삼 하게 되었습니다. 장관님께서도 하루빨리 건강을 회복하시고, 코로나도 종식되어, 예전처럼 한중일을 오가며 학술행사도 하고, 여행도 할 수 있었으면 좋겠습니다.

이어령 고향이 문경이에요? 그러셨구나. 점촌은 잊을 수 없는 추억이 있어요. 제가 서울대 재학시절에 점촌의 고등학교에서 영어를 가르쳐달라는 부탁을 받고, 대구에서 버스를 타고 갔었는데, 그땐 서울대에 시험을 치르고 들어갔으니까 영어는 곧잘 했으니까, 가르치는데는 문제가 없었지요. 그런데 당시 점촌의 학생들은 대체로 나이들이 많았어요. 하루는 칠판에 두보杜甫, 712-770의 한시「옥화궁玉華宮」을 "溪回松風長 蒼鼠竄古瓦

不知何王殿 遺構絶壁下 陰房鬼火靑 壞道哀湍瀉 萬籟眞笙竽 秋色正蕭酒
美人爲黃土 況乃粉黛假 當時侍金輿 故物獨石馬 憂來藉草坐 浩歌淚盈把
苒苒征途間 誰是長年者"라고 판서해 놓고 읊어가는데, 한 여학생이 손

을 들고, 선생님 저기 글자가 틀렸습니다, 하는 거예요. 보니까 秋色正蕭

酒의 씻을 '쇄洒'자를 술 '주酒' 자로 써놓은 게 아니겠어요. 아차 싶었는데,

그 틀린 한자를 곧바로 잡아내더라구요. 대단한 실력이죠. 그 시골 깡촌

에서 두보의 시 「옥화궁」을 다 이해하고 있다는 거잖아요. 어쩌다 점촌의

길거리서 학생들을 만나면, 늙은 학생들이 길거리서 큰 절을 한다니까요,

---

1 〈玉花宮(옥화궁)〉
溪回松風長(계회송풍장) 시냇물 도는 곳에 솔바람 부니
蒼鼠竄古瓦(창서찬고와) 늙은 쥐 옛 기와에 숨어드누나!
不知何王殿(부지하왕전) 어느 왕의 궁전인지 모르겠으나
遺構絶壁下(유구절벽하) 건물만이 절벽 아래 버려져 있네!
陰房鬼火靑(음방귀화청) 어둔 방엔 도깨비불 파란빛 나고
壞道哀湍瀉(괴도애단사) 무너진 길 물소리가 구슬프구나!
萬籟眞笙竽(만뢰진생우) 온갖 소리 참으로 생우 소리요
秋色正蕭灑(추색정소쇄) 가을 빛깔 참으로 맑고 고와라!
美人爲黃土(미인위황토) 미인들도 분묘의 흙이 됐거니
況乃粉黛假(황내분대가) 하물며 화장한 그 얼굴이야.
當時侍金輿(당시시금여) 살았을 땐 금수레로 모시더니만
故物獨石馬(고물독석마) 석마만이 고물로 남아있구나!
憂來藉草坐(우래자초좌) 시름겨워 풀을 깔고 앉아 있자니
浩歌淚盈把(호가루영파) 큰 노래에 한 움큼의 눈물이 나네!
苒苒征途間(염염정도간) 풀 무성한 먼 길을 가는 사이에
誰是長年者(수시장년자) 오래도록 사는 이 그 누구인가?
*笙竽: 모양과 틀이 비슷한 관악기.

(한시 번역 : 동국대 국어국문과 김상일 교수).

평창동 「영인문학관」 전경

유림의 후손들이라 어렸을 적부터 한자를 배워 실력들이 좋았고, 예의가 반듯했어요. 제가 20대였으니까 점촌의 시멘트 공장도 있었고, 그 이후에는 안동에 이육사문학관도 만들고, 문경 안동 그쪽 퇴계서원을 다니면서, 구상 시인이며 문인들과 추억이 많은 고장입니다. 안되긴 했지만 KTX 안동역사를 새로 지어보려고도 했었습니다. 경상도 북부의 문경이며 안동은 우리의 민족정서가 살아 숨쉬는 고장입니다.

김환기 네, 문경에 장관님의 잊지 못할 학창시절 추억이 있으셨군요. 오늘 장관님의 주옥같은 말씀 한마디 한마디는, 현재 코로나로 힘들어 하고 있는 저희들에게 큰 울림이 될 것입니다. 저 역시 학자로서 세계관의 확

글로벌 리더가 말하는 한국

장과 삶의 교훈을 얻었습니다. 이 증폭된 긍정의 힘을 잘 살려가도록 하겠습니다. 어려운 자리 내주셔서 감사드리며, 장관님의 마무리 말씀 들으면서 마칠까 합니다.

이어령　여러 얘기를 했습니다만, 어쨌거나 현대사회가 접촉과 접속의 융합/공생/상생정신을 살려내야 하고, 디지로그의 관점에서 삶의 가치를 찾아갔으면 좋겠어요. 오늘날 너와 나를 위해 쓰는 마스크 한 장의 가치를 공유하고 공감한다면, 우리들은 출신, 연령, 성별, 그리고 건강 조건과 관계없이 포스트 코로나 시대를 살아갈 동행자가 되는 겁니다.

■ 이 특별대담은 학술지 『일본학』 제55집(동국대일본학연구소, 2021)에 게재되어 있다.
■ 본 대담에는 이어령 선생님의 권고로 중앙일보(2021.8.27)에 게재된 「"마스크는 왜 쓰는가" 수척해진 이어령, 서울대 졸업 축사의 울림」의 내용 일부도 포함되어 있다.

김석범 재일(在日) 소설가, 도쿄(東京) 우에노(上野)의 한식당 「청학동」

"원한의 땅, 조국 상실, 망국의 유랑민, 디아스포라의 존재,
그 삶의 터전인 일본이 아니었으면 『화산도』도 탄생하지 못했을 것이다.
가혹한 역사의 아이러니가 아닐 수 없다."

-김석범-

김석범 金石範(1925-)

일본 오사카 출생.
1948 간사이(関西)대학 전문부 경제학과 졸업
1951 교토대학 문학부 미학과 졸업
1976~1995 『문학계』에 「화산도」 집필 및 게재

수상
〈오사라기지로상大佛次郎賞〉(아사히신문, 1984)
〈마이니치예술상每日芸術賞〉(마이니치신문, 1998)
제1회 〈제주4·3평화상〉(2015)
제1회 〈이호철통일로문학상〉(2017) 수상

대표 저서
『까마귀의 죽음』(신코서방, 1967), 『만덕유령기담』(지쿠마서방, 1971), 『말의 주박』(지쿠마서방, 1972), 『1945년 여름』(지쿠마서방, 1974), 『민족·언어·문학』(창수사, 1976), 『남겨진 기억』(가와데서방신서, 1977), 『왕생이문』(슈에이샤, 1979), 『재일의 사상』(고단샤, 1981), 『유명의 초상』(고단샤, 1982), 『속박의 세월』(슈에이샤, 1986), 『고국행』(이와나미서점, 1990), 『전향과 친일파』(이와나미서점, 1993), 『화산도』(문예춘추, 1983-1997), 『바다 밑에서, 땅밑에서』(고단샤, 2000), 『만월』(고단샤, 2001), 『신편 재일의 사상』(고단샤문예문고, 2001), 『왜 계속 써왔는가, 왜 침묵해왔는가―제주도 4·3사건의 기록과 문학』(헤이본샤, 2001), 『허일』(고단샤, 2002), 『김석범작품집』(헤이본샤, 2005), 『땅밑의 태양』(슈에이샤, 2007), 『죽은 자는 지상으로』(이와나미서점, 2010), 『과거로부터의 행진』(이와나미서점, 2012), 『바다 밑에서』(고단샤, 2020), 『보름달 아래 붉은 바다』(CUON, 2022), 『귀문으로서의 한국행』(산겐샤, 2023) 등

2 │ 디아스포라적 상상력, 김석범과『화산도』

김석범(소설가) × 김환기(동국대 문과대학장)

재일 코리안의 역사는 일제강점기와 해방 정국을 거쳐, 격동기 한국근현대사와 함께 변용해 왔다는 점에서 숙명적일 수밖에 없다. 특히 해방 이후의 남북분단과 한국전쟁, 민단과 총련의 갈등, 민족교육과 차별철폐운동, 한일국교정상화, 현재의 독도/위안부 문제에 이르기까지 근현대사의 주요 지점과 함께 했다는 점에서 그렇다. 굴절된 '부'의 역사를 짊어지고 '적국'에서 '적국'의 언어로 저항했던 역사교육, 정치경제, 문화예술계의 재일 지식인들의 문제의식은 참으로 선연하다.

소설가 김석범은 그러한 '負'의 역사적 지점을 해방 조국의 혼란상과 〈제주4·3〉을 중심으로 문학적으로 부조해 낸 작가다. 2022년 만 97세를 맞으신 재일 원로 작가 김석범 선생을 모시고 현재 한일 양국에 가로놓인 다양한 문제들을 짚고, 통일 조국을 위한 우리 시대의 참된 가치가 무엇인지 가르침을 받아본다.

● **1차 대담** 2016년 12월 4일(서면) ● **2차 대담** 2019년 2월 17일
● **장소** 일본 우에노(上野) 청학동

김환기　선생님 안녕하십니까. 우에노 '청학동'을 오니까 일본어판 『화산
도』를 한국어로 번역한다며 이곳을 여러번 찾고, 선생님과 맥주를 마시던
시간이 그리워집니다. 2005년 전후였는데, 그때 선생님과 맥주를 마시면
항상 제가 늘 먼저 나가떨어졌지 않습니까. 건강하신 거죠?

김석범　하하, 그랬던가, 환기 선생은 지금도 술은 많이 못하잖나. 나도 이
젠 옛날과 달라 거의 밖에는 안나오고, 집에서 혼자 소주나 사케를 홀짝홀
짝 한 두잔 마셔. 이렇게 우에노서 만나니 반갑구만, 하하핫ー.

　재작년 12월 잡지 『스바루』에도 썼지만[1], 2019년 6월에 심장에 페이스
메이커를 심는 수술을 받은 후에는 밖에서 사람을 만날 때, 논알콜 맥주
를 마시고, 그래도 집에선 자기 전에 사케를 좀 마시고 있다네.

김환기　여전히 약주는 한 잔씩 하시는군요. 그동안 이곳 '청학동'서 여러
번 선생님을 뵙고 많은 얘기를 나누었습니다만, 오늘은 특별히 선생님께
몇 가지 말씀도 드릴 겸, 꼭 듣고 싶은 얘기도 있고 해서 이렇게 찾아뵈었
습니다. 선생님께서는 평생을 '적국'의 땅 일본에서 재일 조선인 소설가
로 활동하셔서, 개인적으로 평소 여쭤보고 싶은 것이 참 많았는데요. 제
가 선생님의 대하소설 『화산도』를 번역했기 때문에 그런 것 같기도 합니

1　김석범이 일본 슈에이샤集英社의 월간문예잡지 『스바루』에 집필한 수필 「生·作·死」
　이 글은 『제주작가』 2021년 여름호에 한국어로 번역·게재되어 있다.

다. 먼저 해방 직후 복잡한 한반도의 시대 정서를 생각하면, 일본에서 조선인 작가로서 활동하기가 쉽지 않았을 것 같습니다. 당연히 작가로 출발하기까지 뭔가 특별한 계기가 있었을 것으로 생각하는데요. 이를테면 재일 조선인으로서 일제강점기와 관련된 역사적 '부'의 기점들을 포함해, 해방 이전부터 일본과 제주도조국의 인적/물적 왕래까지 복잡했을 것으로 보입니다. 실제로 선생님께서는 제주도가 원고향이고 일제강점기에 제주도를 오가기도 하셨지 않습니까. 물론 작가생활을 본격화하시기 이전부터, 해외의 유명한 작가들의 작품들도 두루 섭렵했을 테고요. 특히 교토대학 미학과 졸업 논문 「예술과 이데올로기」라는 제목은 예사롭지 않아 보입니다. 아마도 청년시절 예술/문학을 둘러싸고 정치, 사상, 문화를 의식하며, 작가로 출발하기 전에 치열한 자기검증의 시간을 가졌을 것으로 보입니다.

김석범 허무주의였지. 청년 시절 심한 허무주의에 빠져, 거기에서 탈출을 모색하는 과정에서 소설을 쓰기 시작한 것 같네. 교토대학을 졸업한 후였지. 소설에도 썼지만, 쓰시마에 가서 숙모와 같이 밀항해온 먼 친척의 '유방이 없는 여자'들을 만났는데 그 여성한테서 제주4·3의 또 다른 진상을 듣게 됐었지. 물론 그 전에 친척 숙부한테도 듣긴 했지만, 뭐랄까, 내 평생을 지배하는 충격이 내 뒤통수를 후려치는 동시에 센티멘털리즘을 내포한 나의 니힐리즘을 때려 부쉈던 것 같아. 그 후에 52년이었을 거야. 일본공산당에서 탈퇴하고 통일조국 건설을 위한 조직의 활동을 위해, 센다이(仙台)에 가서, 지방 신문사 광고를 수주하는 일을 했는데, 나한테는 너무 맞지 않았고, 신경증에도 시달리고 해서 서너 달 만에 나와서 도쿄에 갔어. 오사카로는 도저히 갈 수 없었지. 조직 활동을 하면 애국이라던 시절이었는데, 두 개의 조직에서 나왔다는 건 정치생명이

『까마귀의 죽음』(각, 2015)

끊어지는, 뭐랄까, 내 존재를 스스로 인정하기 어려운 그런 절망감이 있어, 한동안은 누굴 만날 수도 없는 그런 심정이었지. 센다이에서의 생활과 경험이 계기가 돼서 「까마귀의 죽음」을 썼던 거야. 그 소설을 통해 니힐리즘을 완전히 내파(内破)하게 됐고, 그게 지금까지 글쓰기를 이어온 원동력이 된 거야.

『화산도』에도 남승지가 영화 「죄와 벌」을 보는 장면이 나오기도 하잖나. 대학 시절에는 마르크스의 『독일 이데올로기』나 칸트의 『판단력 비판』, 교토학파의 글을 읽으며 졸업논문을 썼지.

김환기 선생님의 이력을 보면, 1957년에 「간수박서방」, 「까마귀의 죽음」 발표를 시작해 1976년 2월에 『화산도』연재 당시의 제목은 「해소海嘯」 연재를 시

작하기까지 내놓으신 작품이 「똥과 자유」, 「만덕유령기담」, 「관덕정」, 「허몽담」, 「1945년 여름」 등 적지 않습니다. 그런데 선생님께서는 1960년대에 한글로 작품을 쓰시다가[2] 나중에 일본어로 사용언어를 바꾸셨지 않습니까. 이렇게 사용언어를 한국어에서 일본어로 바꾸기까지는 작가로서 많은 생각과 고민이 있었을 것이라고 생각됩니다. 작가로서 자기 확신 같은 뭔가 답을 얻으셨기 때문에 가능했을 것이라고 보는데요. 이를테면, 당시 조직총련과의 갈등 측면에서 교조주의에 염증을 느껴 조직을 탈퇴했고, 한국어가 아닌 일본어 글쓰기를 본격화했다는 기사를 읽었던 적이 있습니다. 선생님께서는 '적국'의 언어로 작품 활동을 하는 과정에서, 작가로서의 사용언어에 대한 자기검열의 과정이 치열했을 거라고 봅니다.

김석범 얘기하기 시작하면 길어지는데, 간단히 얘기해 보면 말이야. 55년이었나? 총련이 결성된 해였지. 오사카로 돌아가서 공장에서 일하기도 하다가 아내를 만나 57년에 결혼했고, 그때 일본어로 쓴 「간수박서방」하고 「까마귀의 죽음」을 야스타카 도쿠조保德蔵 선생이 주재한 『문예수도文藝首都』에 발표했는데 그다지 반향이 없었어. 오사카 쓰루하시鶴橋 역 근처에 야키토리, 그러니까 일본식 닭꼬치 포장마차를 하기도 했는데, 동포들 중에는 대학까지 나온 놈이 이런 거밖에 못하냐고 뭐라 하는 이들도 있었

---

2 『김석범 한글소설집 혼백』(김동윤 엮음, 보고사, 2021)에는 김석범의 한글작품 「꿩사냥」, 「혼백」, 「어느 한 부두에서」, 「화산도」 등이 수록되어 있다.

지만, 거기에서 생면부지의 사람들과 인연을 맺기도 했지. 근데 말이야, 돈을 거의 벌지 못했어. 장사 접고 손님하고 술을 마시러 가기도 하고 말이야. 아내의 코트 같은 걸 전당포에 맡기고 그 돈으로 술을 마시기도 하고, 아내한테 못할 짓 많이 했지. 그래도 그때 손님한테 들은 홋카이도北海道 광산 얘기를 소재로 「똥과 자유」를 쓰기도 했어. 61년에는 오사카조선고등학교에서 교사 생활을 했는데, 1년 후에 그만두고 도쿄로 이사해 『조선신보』 편집국에서 일을 시작했고.

1964년부터는 재일본조선문학예술가동맹문예동의 문예지 『문학예술』 편집을 맡으면서, 한글로 비평하고 소설을 쓰기도 했는데, 환기 선생이 아까 말했잖아. 총련의 교조주의적 가치만이 인정받는, 김일성 숭배하는 주체문예론적인 유일사상체계로 이행해 가면서, 거기에 따르지 않으면 말도 안 되는 비판을 받게 되지. 그때 신코쇼보新興書房라고 하는 동포가 진보초神保町에서 운영하던 작은 출판사에서 일본어소설 「간수박서방」, 「까마귀의 죽음」, 「관덕정」, 「똥과 자유」를 엮어 작품집을 내자는 의뢰가 있었어. 여기저기서 많이 한 얘기긴 하지만, 작품집을 내려면 총련 조직의 비준을 받아야 하는데 안 된다는 분위기더라고. 그래서 비준을 받지 않은 상태에서 강행했고, 또 공교롭게 그해 10월에 위 절제수술을 받아서 3개월 동안 입원하기도 했고 말이야. 나중에 아내한테 들으니 위암이었다고 하더라고. 여하간 수술을 받고 요양하다가 68년에 완전히 총련에서 나오게 된 거야.

그러던 중에 다무라 요시야田村義也라는 사람한테 연락이 왔어. 고단샤講
談社에서 나온 『까마귀의 죽음』하고 『화산도』 장정裝幀을 한 분이기도 한데,
실은 이와나미쇼텐岩波書店의 편집자였지. 67년에 나온 『까마귀의 죽음』을
읽고 출판사를 찾아갔는데, 연락처를 모른다고 해서 김달수 씨한테 물었
다는 거야. 여하간 그 인연으로 69년에 『세카이世界』에 「허몽담虛夢譚」을 발
표했지. 일본어로는 7년 만에 쓴 작품이었어. 그걸 쓰면서 왜 일본어로
쓰는지, 일본어로 쓰면서도 조선인으로서의 주체성을 잃지 않는 방법은
없는지, 고민해야 하잖나. 사실 우리말로 쓸 수는 있지만, 내 안의 일본어
를 넘어설 수 없다는 자각이 있었고, 하지만 그 일본어라는 언어로부터의
속박이랄까, 내가 그걸 '말의 주박呪縛'이라 표현하기도 했잖나. 아무튼 그
'말의 주박'을 어떻게든 풀어내고 싶었는데 간단치 않은 일이야. 그렇다면
어떻게 해야 하나. 방금 말했지만, 왜 일본어로 쓰는지, 그리고 일본어로
쓰면서도, 조선인으로서의 주체성을 잃지 않는 방법을 끊임없이 반복해
서 고민해 나가야겠다 생각했지.

그런데 그런 물음들은 말이지, 그저 생각만 한다고 해서 해결되는 게
아니지 않나. 이론화라고 하면 빠져나갈 구멍을 만들어 놓는 느낌이 들
수도 있겠지만, 생각하는 데 그치는 게 아니라 문자화해야겠다고 생각했
어. 그래서 70년에 「만덕유령기담」을 발표하기 전에 「언어와 자유」라는 평
론을 쓰게 된 거야. 일본어로 쓰면서도 조선인으로서의 주체성을 잃지 않
고, 어떻게 하면 자유로울 수 있을까. 일본어 세계에서 자유롭게 쓰려면

일본어의 메커니즘을 이용하면서도 그걸 안에서부터 흔들어 나가는, 그 안에 '조선'의 감각을 녹여낼 필요가 있네. 일본 독자들은 낯선 일본어를 만나게 되는 거지. 그런 고뇌가 없으면 내 자유와 조선인으로서의 주체성이 일본어에 먹히고 말아. 동화되어 버리는 거야. 언어라는 건 상호침투의 가능성이 있지 않나. 일대일로 번역불가능한 것도 있지만, 번역 가능한 보편적인 측면에 주목하는 거지. 거기에 문학적 상상력이 더해지면, 관념적이라고 할 수도 있겠지만, 열린 세계가 만들어지는 거네. 언어라는 것엔 그런 측면이 있고, 거기에 조선인 작가로서의 자유의 조건이 있다는 발견, 그게 있었기 때문에 일본어로 쓸 수 있었다고 할 수 있지.

김환기 그러셨군요. 역시 한국어가 아닌 '적국'의 언어로 작품을 쓰기까지는 선생님 자신께 묻고 답하는 치열했던 자문자답自問自答의 과정이 있으셨네요. 그리고 1976년부터 쓰기 시작했던 『화산도』는 선생님의 대표작으로서, 한일 양국의 평론가들로부터 많은 비평이 있었던 작품이지 않습니까. 이 『화산도』는 해방 정국을 둘러싼 한일 양국의 육로와 해로를 포함한 시공간, 해방정국의 좌우익의 극한적 정치이데올로기, 무엇보다도 '제주4·3'이라는 특별한 지점이 있는데요. 『화산도』에 함의된 해방정국의 정치경제, 사회문화, 첨예했던 남북한/좌우의 이념적 굴레는 결코 소설로 부조해내기가 쉽지 않았을 텐데, 선생님께서는 특유의 굵직하고 섬세한 선처리를 통해 잔잔하게 얽어내지 않으셨습니까. 개인적으로 『화산도』의 굵직하고 섬세한 표현은 청년시절 교토대학 미학과 재학시절의 미학적 사고와 세계관, 1950년대 『조선평론』편집주간 시대의 사고, 1970년대 『계간 삼천리季刊三千里』시대의 활동과 무관해 보이진 않습니다. 그리고 무엇보다도 『화산도』의 주인공 이방근을 비롯해, 등장인물의 동선과 세계관이 다르면서도 중층적인데, 이방근이라는 인물을 어떻게 조형하셨는지 무척 궁금합니다.

김석범   시기적으로 「간수박서방」이 먼저 세상에 나오긴 했지만, 그 전부터 써오던 게 「까마귀의 죽음」이고, 그게 내 작품세계의 원점이니까, 나한테는 그게 처녀작인 거야. 그리고 『화산도』는 나의 생애를 통한 창작사업의 총체, 집대성의 위치에 있다고 할 수 있어. 연재를 시작해서 단행본 간행을 마칠 때까지 20년쯤 걸렸지. 그렇게 오래 쓸 거라곤 나도 생각지 못했고, 담당 편집자들은 더욱 상상도 못 했을 텐데, 감사하지. 물론 환기 선생이 말한 것처럼 쉽지 않았어. 자료도 충분치 않았고, 게다가 마음대로 한국에 드나들 수도 없었고 말이야. 4·3도 말이야. 한국에선 그걸 자유롭게 말할 수도 쓸 수도 없었잖나. 기억의 타살과 자살. 양민들을 학살하고 땅에 생매장하고 바다에 수장시키고 하듯이, 한국 사회에선 오랫동안 4·3이 땅속에 묻히고 바닷속에 가라앉아 있었네. 역사가 아닌 거지. 한국이라는 국가의 이데올로기가 4·3의 기억과 역사를, 그 목소리들을 잠재웠는데, 기억과 망각은 동전의 양면이야. 스스로 그 기억을 죽이고자

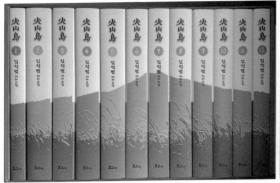

대하소설 『火山島』(보고사, 2015)

해도, 가해자든 피해자든 당사자들은 온몸에 각인된 기억이 어느 한순간 폭발적으로 되살아나. 내가 해방조국에 돌아갔다가 오사카에 다시 돌아오지 않았더라면, 나도 이미 이 세상 사람이 아니었을지 몰라.

교토대 졸업논문 제목이 「예술과 이데올로기」이네만, 피식민자로 살고 해방정국의 소용돌이에서 살아온 우리 민족은, 정치이데올로기와 불가분의 관계에 있어. 문학은 이데올로기이기도 하고, 또 정치를 배제할 수 없어. 생활이니까 말이야. 그렇지만 정치나 이데올로기에 문학이 흡수되면, 예술이라고 할 수 있겠나. 그걸 넘어서야 해. 그래야 문학예술로 우뚝 설 수 있어. 『화산도』의 이방근과 같은 독특한 인물상을 착안하게 된 동기와 경험은 특별히 없지, 그냥 허구야. 물론 거기엔 환기 선생이 말한 『삼천리』 시대를 전후한 내 삶의 궤적들이 어딘가에 녹아있을 거네. 중요한 건 거기엔 니힐리즘 사상의 반영이 있고 센티멘털을 철저하게 없애야 함, 나의 분신 「까마귀의 죽음」 주인공 정기준과 이상근의 종합적인 人物 같은 여러 인물들을 병립시키는 게 아니라, 어떤 중심적인 인물을 설정해야 유기적으로 세계를 볼 수 있었다는 거네. 사르트르 주창하고, 일본에선 노마 히로시野間宏가 지향한 전체소설이 있잖나. 가와무라 미나토川村湊 선생도 『화산도』가 전체소설로서의 하나의 달성점을 제시했다고 평가해 주었지만, 인간을 생리, 심리, 사회의 여러 측면에서 유기적으로, 나아가 통일적으로 그려내야 해. 개개인도 그렇지만 4·3도 역사도 마찬가지잖나. 소설, 특히 장편의 경우에는 세계를 파악하지 못하면, 個個 역시 파악할 수 없잖나.

그런데, 그 세계란 걸 그리려면 개에서 출발해야 해. 소설 세계라는 게 그렇지 않나. 도저히 납득할 수 없을 것 같은 인물이었는데, 어느 순간 납득하게 되기도 하고. 근데 말이야. 세계를 그린다는 게 곧 세계 전체를 그린다는 건 아니야. 환기 선생도 잘 이해하고 있겠지만 『화산도』 역시 세계 전체를 그리고 있는 건 아니지 않나. 제주도를 통해, 혹은 이방근, 남승지, 유달현, 정세용, 부엌이, 문난설, 이유원, 나영호 같은 인물들을 통해, 세계를 보는 하나의 관점을 제시하지. 그게 퍼져 나간다. 개개의 사람들, 그 존재가 전체를 구성하고 있고, 개개의 사람들 속에 전체의 우주가 들어 있는, 그런 순환적인 운동이 작품에 작동하고 있다고 생각하네.

김환기 왠지 등장하는 개인 인물을 통해 세계를 보는 관점을 제시하고, 그것이 전체/세계로 퍼져나간다는 말씀이 제게는 와 닿습니다. 아무래도

글로벌 리더가 말하는 한국

제가 『화산도』를 번역했기 때문에 소설과 관련해 궁금한 부분이 많은데요. 이를테면 『화산도』에 등장하는 남승지를 비롯해 부엌이의 존재도 그렇고, 특히 목탁영감이 그리스 디오게네스금욕에 도달한 노인으로 그렸는데, 이 소설에서 목탁영감은 어떤 역할이고, 왜 주인공 이방근이 경애하는 인물인지 궁금합니다. 그리고 이방근의 형하타나카의 귀화, 남승지의 형 남승일 등과의 혁명자금 이야기 등, 역사정치의 관점에서 일본과의 끊임없는 결별과 연결의 의미도 특별히 읽히는데, 어떻게 이해하면 좋을런지요.

김석범 언제였던가. 15년 정도 전인 것 같은데 같이 경주에 갔을 때였나. 처음 『화산도』를 완역하겠다고 얘기했을 때, 과연 그게 이뤄질까 내심 회의적인 생각을 하기도 했었고, 초고가 나왔다고 했을 땐 그 양에 놀랐고, 지난 번 세이케이대학成蹊大学에서 열린 『화산도』 복간기념 심포지엄 때도 얘기했지만, 우리말로 된 『화산도』 초고를 읽어나가는데, 이건 내가 쓴 게 아닌 것처럼 느껴져서 말이야. 그래서 환기 선생 이름을 번역자가 아니라 저자 이름에 내 이름과 같이 올려야 한다고 말하기도 했잖나. 아무튼 『화산도』가 우리말로 온전히 번역돼서 한국 독자에게 널리 읽히고 있으니, 얼마나 기쁘고 감사한지 몰라.

근데, 환기 선생 질문에 어떻게 답해야 하나. 사실 목탁영감이나 허물영감, 하타나카, 남승일 같은 인물은 언뜻 특별한 존재로 보이기도 하지만, 꼭 그런 것만은 아니라고 생각하네. 역사적으로나 정치적으로 한반도와 일본열도가 단절하고 연결됐던 것 역시 특별한 것은 아니고. 역사의 큰 흐름 속에서 자연스럽게 현전되는 모습인데, 그걸 어떻게 이해하고 무엇을 상상할지는 독자들의 몫이 아닐까. 목탁영감이 작품세계에서 어떤 역할을 수행하고, 또 이방근이 왜 목탁영감에 대해 경애의 마음을 품는지에 대해서도 독자 분들이 판단해줄 몫이라고 생각하는데 말이야. 왜냐하면 내가 의식하지 못하는 부분이 있을지도 모르기 때문이야.

군이 말을 덧붙이자면, 목탁영감은 특별히 하는 일이 없어. 이방근에게 보여질 뿐이야. 산천단 동굴 앞 바위 앞에서 무소유의 모습으로 말일세. 이방근은 할 수 있는 일도 많고, 요구받는 일도 많잖나. 물질적으로 가진 것도 많고. 그런 이방근이 작품 후반 게릴라의 항쟁이 괴멸의 길로 들어서고, 게릴라 전원의 섬 탈출을 계획하면서 모든 소유로부터의 자유를 추구하게 될 때, 목탁영감의 존재가 어떤 근원적인 힘으로 작동하게 되는 게 아닌가 싶어.

김환기 개인적으로 『화산도』에 대한 역사적, 문학적 의미를 많이 생각하게 됩니다. 앞서 말씀드린 등장인물도 그렇지만, 작품의 공간으로서 싱가폴의 창기수용소BC급 전범. 조선독립운동와 한대용의 움직임, 이방근이 자살하는 공간으로서 제주 산천단, 그리고 숱하게 등장하는 제주도의 관음사, 이러한 작품 속의 대표적인 인물들의 활동공간들이 김석범의 철학/세계관과 어떤 식으로든 깊이 연결되어 있을 것이라 보는데, 어떤 관계성으로

김석범 자택 앞 찻집(김환기, 김석범, 조수일)

이해하면 좋겠습니까.

김석범 관음사와 산천단은, 이를테면 내 내부에서 배양되어 온 고향이라고 할 수 있지. 한라산의 오름들은 할머니의 쭈그러든 젖줄, 그 자비로운 젖줄을 발로 짓밟고 함부로 한라산에 오르지 마라는 말이 있지만, 그런데도 나는 한라산에 한 번 꼭 올라보고 싶었네. 일본이 패전하기 바로 전해 1944년에 반년 정도를 관음사에서 보낸 적이 있었지. 여러 곳에 쓰기도 했지만, 당시 제주도 해안 마을에 있으면 강제징용을 당할 위험이 있어서, 숙모의 주선으로 몸을 의탁하고 있었던 거야. 초여름이었지, 어느 날, 함경도에서 서른을 갓 넘긴 사내와 이십 대 초반의 청년 두 사람이 관음사를 찾아와 한라산 등반 안내를 부탁받는데, 절에는 올라본 이가 아무도 없었어. 원래 섬사람들은 한라산을 신성시하여 함부로 산을 오르지 않아.

산에서 큰 소리를 내면 금세 짙은 안개로 뒤덮여 길을 잃기도 하고, 산신이 있는 산으로 외경의 대상이었던 게지.

그럼에도 두 사람은 절에서 하룻밤을 보낸 뒤 정상으로 향했어. 나도 함께 아무런 준비도 하지 않고 짚신을 신은 채로 따라나섰지. 아침나절에 절을 출발해서, 짐승들이 오가는 듯한 험준하고 좁은 길을 찾으며 올라 6, 7시간 후에 산 정상에 다다를 수 있었지. 정상 근처의, 마치 해골 무더기처럼 나무껍질이 벗겨져 새하얗게 시든 고목이 늘어서 있고, 야생화된 소의 큰 두개골 따위가 여기저기 널려 있는 광경이 강렬했지. 우리는 백록담 쪽으로 내려가서 세수를 했어. 꼭대기에서 운해를 내려다보는 건 생전처음이었고, 웅대한 섬의 대자연과 그 파노라마의 전개에 몹시 감격했네. 근데 시간이 없었지. 우리 세 사람은 갑자기 기온이 떨어지는 산 정상에서 주먹밥을 먹고 서둘러 하산을 시작했어. 이미 해가 떨어지고 있었고, 밤길에 산을 내려와야 했는데, 돌이켜보면 무모하기 그지없는 등반이었지. 우리는 회중전등을 길 안내로 삼아 탐라계곡에 면한 벼랑 끝 밀림지대를 하산했는데, 나는 너무 무서워서 말이야, 내 독경에 세 사람의 목숨이 걸려 있기라도 하듯이, 필사적으로 반야심경般若心經을 외워댔고, 어느샌가 내가 앞장서 내려오고 있었던 게야. 새벽녘에 숯막을 발견했고, 그래서 거기서 몸을 좀 녹인 후에 다시 산을 내려오기 시작했고, 온몸이 상처투성이가 돼서 구사일생으로 이튿날 정오 무렵 관음사에 당도했지.

지금 생각해보면 참 아찔해. 그래도 그런 강렬한 경험이 나의 작가 정신이랄까, 특히 『화산도』의 세계관을 만들어내는 데 의식적으로도 무의식적으로도 작용했지 않나 싶어. 역사의 흐름과 거기에 숨겨진 의미들은 눈에 보이지 않는 수맥, 광맥들로 다른 공간들과 연결되어 있을 테고. 죽은 이들의 시공간하고도 연결되는 거지. 산천단이 특히 그런 공간성을 갖고 있지 않나.

김환기　『화산도』는 제가 번역을 해서 그렇겠지만, 무척 애정을 가지고 있는데요, 솔직히 한글판 『화산도』가 3쇄를 찍었다고는 하지만 현재 독자층이 두텁지는 않은 게 사실이구요. 선생님께서는 한반도에서 통일시대도 좋고, 앞으로 『화산도』가 독자층을 형성하면서 많이 읽힐 것으로 보시는지요. 결국 선생님과 저는 독자층이 많아지고 증쇄를 거듭해야만 출판사로부터 인세를 더 많이 받지 않겠습니까, 하하핫-. 그리고 선생님, 한글판 『화산도』가 제주도를 비롯해 남북한/조국에서 역사적/문학적으로 어떤 의미로 읽힐 것이라고 보시는지요.

김석범　아까도 언급했지만, 4·3을 배경으로 한 내 소설은, 역사의 부재 위에 탄생했다고 할 수 있어. 『화산도』는 망자로서의 4·3을 에워싸는 현실의 부정에서 시작된 역사의 의지를 표출한 산물이야. 기억의 살육과 기억의 자살 모두를 짊어지고, 한없이 죽음에 가깝게 가라앉아온 망각으로부터의 소생, 그것이 역사에 대한 의지이고, 완전히 죽음에 이르지 않았

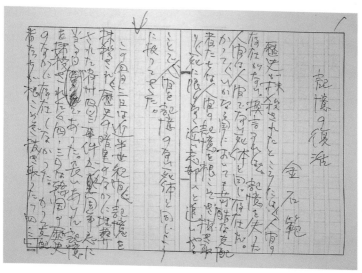

김석범 육필원고 「기억의 부활」(한국문학번역원 소장)

던 기억의 승리지. 살아남은 자들에 의한 망각으로부터의 탈출, 어둠의 밑바닥으로부터 한 사람 두 사람씩 일어서는 증언이, 빙하에 갇힌 죽은 자의 목소리를 소생시킨다. 첫걸음이지만 그 기억의 승리는 역사와 인간의 재생과 해방을 의미하지……

『화산도』는 문학작품이지만 이런 역사적 의미가 크다고 봐. 우리 조국은 일제의 식민지배에서 해방됐음에도 남북으로 분단, 결국 과거 역사를 청산하지 못하고, 오욕의 역사를 정권을 장악한 친일파 지배층을 비롯해, 사회 일반적으로 그 부(負)의 역사. 負의 사고조차 청산하지 못하고 짊어지고 왔지. 그 뿌리일제 잔재를 캐내는 데 도움이 되면 좋겠어. 사실 재일조선인문학은 일본문학의

품 안에서 자라났을 만큼, 일본문학의 주류 전통인 사소설—순문학의 영향이 자못 크며, 그 아류亞流이기도 하다. 그렇지 않으면 일본 문단에서 받아들이기가 매우 어렵지. '일본문학은 상위문학', '일본문학의 일부분인 재일조선인문학은 하위문학'이라는, 이러한 문학 개념은 일본 전후 사회에서 오랫동안 당연시되고 상식이 되었어. 일제 지배의식의 잔재가 반영된 거지.

그런데 이 『화산도』는 문학예술과 정치의 상극相克, 즉 권력에 대한 문학적인 저항이자 투쟁이야. 내 문학은 일본문학의 사소설처럼 사회적, 정치적 문제를 외면하거나 하지 않잖나. 나는 오래전부터, 적어도 김석범 문학은 일본문학이 아닌 일본어문학, 디아스포라 문학이라는 주장을 해왔어. 이를테면 김석범 문학은 일본문학계에서 이단의 문학이다. 그것은 한마디로 일본어로 쓰여졌다 해서 일본문학이 아니다. 문학은 언어만으로써 형성, 그 '국적'이 규정되는 것이 아니라는 사상을 일관되게 주장해 왔어. 앞으로 『화산도』가 한국의 문학계에 어떻게 비춰질 지 나도 궁금해.

나는 『화산도』를 존재 그 자체로서 어딘가의 고장, 디아스포라로서 자리잡으면 좋겠다고 생각하네. 『화산도』를 포함한 김석범 문학은 망명문학의 성격을 띠는 것이며, 내가 조국의 '남'이나 '북'의 어느 한쪽 땅에서 살았으면 도저히 쓸 수 없었던 작품들이지. 원한의 땅, 조국상실, 망국의 유랑민, 디아스포라의 존재, 그 삶의 터인 일본이 아니었으면 『화산도』도 탄생하지 못했을 거야. 가혹한 역사의 아이러니가 아닐 수 없어.

『화산도』는 앞으로도 나올 수 없는 작품이야. 잃어버린 조국, 고향에 대한 사랑/패션passion의 산물이야. 다행히 환기 선생이 우리말로 옮겼지만, 이런 작품은 영원히 안 나올 거야. 젊은 사람이 쓰려고 해도 쓸 수 없어. 해방공간에 대한 재심을 촉구하는 역사적 의미가 담겨 있고, 이것은 역사학자들이 해야 할 몫이야. 해방공간이라는 건 필요했지만, 우리의 해방공간은 진정한 의미에서의 해방공간이 아니라, 결국 이승만 정권을 창출하기 위한 프로세스였지. 종전선언을 하지 못하는 이유도 여기에 있는 거야. 그 해방공간을 부정/청산하고 진정한 의미에서의 새로운 해방공간을 만들어야 한다네. 한국의 해방공간을 다시 바로 세워야 한다는 것, 그것은 앞으로의 조국통일을 생각할 때 반드시 필요한 일이라는 거지.

김환기 대하소설『화산도』는 일본문학계에도 익히 알려져 많은 비평이 있었는데요, 개인적으로 한국과 한국문학계에서도 특별한 의미로 읽힐 수밖에 없다고 봅니다. 사용언어가 일본어일 뿐이지 사실, 내용적으로는 한국현대사를 관통하고 있지 않습니까. 정말이지 한국 근현대문학에서 해방 직후의 정치 이데올로기적 혼란상을 이렇게 농밀하고 치열하게 얽어낸 작품은 없지 않습니까. 그런 면에서도 한국문학계에서『화산도』가 차지하는 역사적, 문학사적 의미는 대단히 크다고 봅니다.

특히 해방정국과 '제주4·3'을 천착했던 선생님의 문학은 일본의 근현대문학과는 성격을 달리합니다. 형식적으로나 내용적으로 전통적인 일본의 사소설 형식과는 차별화되는 문학적 지점이 너무도 선명하지 않습니까. 그리고 한국문학계의 특징이기도 한 해외에서 진행되었던 코리안 문학, 즉 코리안 디아스포라 문학이라는 관점에서도 중요한 위치에 있다고 생각합니다. 무엇보다도 서울 중심의 주류/순혈주의에서 탈피해, 다면적/중층적인 세계관과 다중심주의적 가치를 통해 한국문학계에 안티테제로 그 역할을 한다는 점도 크다고 할 수 있습니다. 이러한 한국문학/한국어문학의 확장된 시각에서 보면, 개인적으로 이번에 한국어로 번역된 『화산도』는 조국에서도 그렇고, 세계문학이라는 측면에서도 평가가 있을 것이라고 봅니다.

김석범 그렇지, 언어학적인 입장/문제에서 내가 70년에 쓴 「언어와 자유」에서 '일본어문학'이라는 개념을 제시했고, 『화산도』를 비롯한 김석범 문학을 일본문학이 아닌 '일본어문학'이라는데 대해, 일본사회, 일본문단은 그리 좋아하지 않았어. 이질적이고 이단적인 문학으로 인식되면서 일본문학과는 외딴 물에서 써왔다고 할 수 있지. 그리고 제주도와 한국에서 『화산도』를 받아들이는 관점은 매우 복잡할 거 아니겠나. 재일조선인문학이라고 하는 게 일본제국주의 정책의 산물이자, 과거에 일본이 조선을 지배하고 식민정책을 펼친 것의 부산물로도 볼 수 있고 말이야. 그러니까 재일 디아스포라에 의한 문학이자 망명자 문학이기도 하네. 김석범 소설의 경우는 이승만 정부의 정통성과 해방공간의 역사에 대한 재검토를 촉구하고, 동시에 4·3을 해결의 관점이 아니라, 해방의 관점에서 보는 선봉적인 위치에 있다고 생각해. 이런 것들이 껄끄럽게 읽혀질 수도 있을 거야. 올바르지 못한 역사의 흐름에 대한 역지향적 운동이기도 한 거지. 그런데 장기적으로 보면, 조국의 통일 분위기가 일고 실제로 통일이 되면, 그때는 미래의 독자들이 기다리고 있어. 틀림없이 먼 훗날 미래에 독자층이 생길 거야. 내가 확신하는데, 그땐 우리들이 이 세상에 없을 테지만 역사적으로 봤을 때 그렇게 될 걸세.

김환기　선생님께서는 평소 늘 디아스포라 작가로서의 입장/위치를 말씀하셨습니다. 그리고 실제로 한국과 일본, 한국어와 일본어 남한과 북한, 좌와 우의 시공간적 경계선을 자유롭게 넘나들며, 탈경계와 월경주의라는 관점의 디아스포라적 상상력을 소설을 통해 구현해 내셨습니다. 그런 의미에서 보면, 선생님의 디아스포라 입장은 특별하게 느껴지는데요, 재일 소설가로서 디아스포라의 입장을 어떻게 보시는지, 나아가 지구촌에 흩어져 있는 러시아, 중국, 미국 등지의 고려인/조선족/한인들의 디아스포라적 시선을 어떻게 보시는지 듣고 싶습니다.

김석범　원래 한국문학은 아닌데 번역된 작품은, 한국문학의 전통에서 벗어나면서도 한국문학으로 수렴되는 기묘한 문학적 현상으로 나타나지 않나. 특히 이번에 완역된 『화산도』가 한국의 독자들에게 수용되어가는 양상을 보여주고 있는데, 그런 점에서 보면 디아스포라, 망명자로서의 재일의 원심력 같은 걸 느끼게 되지. 이런 디아스포라 관련 얘기는 환기 선생이 세계 여기저기 다니면서 코리안 디아스포라 연구를 해왔으니, 더 넓은 시야에서 얘기할 수 있지 않을까 싶어. 안 그런가?

김환기　사실 저는 오랜 기간 전세계에 흩어져 있는 코리안 디아스포라 문학을 조사하고 연구하는 작업을 계속해 왔습니다. 2010년 호세이대학 가와무라 미나토 교수님과 브라질/아르헨티나의 일본계/한국계 이민문학을 조사하기 시작해, 북미지역캐나다/미국, 중미지역멕시코, 도미니카, 아이티, 남미지역파라과이, 페루, 볼리비아, 칠레, 콜롬비아, 유럽지역프랑스, 독일, 아시아지역구소련권, 중국, 일본의 한인들의 문학을 조사/연구했습니다. 국가/지역별로 코리안 디아스포라의 역사적, 사회문화적 지점은 확연히 달라서 일괄적으로 평가할 수가 없습니다.

　구한말 노예처럼 팔려갔던 멕시코 에니켄과 하와이 사탕수수 농장의 한인들, 구소련권 스탈린 정권에 의한 '1937년 고려인 강제이주', 모택동의 공산사회주의 혁명과 함께 했던 중국 조선족, '적국'의 나라에서 역사적 '부'의 청산에 앞장선 재일 코리안, 인종차별에 맞섰던 미국의 한인들, 파독 광부/간호사의 조국애에 이르기까지 코리안 디아스포라의 여정은 참으로 혹독했습니다. 지금이야 과거의 동서냉전 시대와는 다르긴 하지만, 여전히 전세계에는 740만여 명의 코리안 디아스포라들이 각자의 위치에서 시대의 주인공으로 살아내기 위한 지난한 노력을 이어지고 있습니다.

그러고 보니, 평소에 늘 선생님께 한 가지 여쭤보고 싶은 것이 하나 있었습니다. 오래된 얘기입니다만, 선생님과 조동현 사장, 조헌주 동아일보 기자와 4명이 경주로 여행을 갔지 않습니까. 서울역에서 기차를 타고 경주역에 내려 보문단지 호텔에 여정을 풀고, 곧바로 불국사에 들러 다보탑과 석가탑을 둘러보고, 석굴암까지 갔지 않았습니까. 그때 석굴암에서 부처님 석불을 지켜보시며 하염없이 눈물을 흘리시던 선생님의 모습이 지금도 또렷합니다. 석굴암 앞에서 왜 그렇게 눈물을 흘리셨는지, 그리고 경주 여행 다음 날, 굳이 배를 이용해 현해탄을 건너 일본으로 가시겠다며 부산으로 향하지 않으셨습니까. 실제로 그렇게 현해탄을 건너 일본으로 들어가셨구요. 그때, 왜 그렇게 현해탄을 건너가시겠다고 고집하셨는지 궁금합니다.

김석범 경주에 갔던 게 언제였던가. 2006년 가을, 10월이었나? 왜 눈물을 흘렸는가, 그건 이유가 없어. 그저 고마운 거야. 경주까지 안내해 준 환기 선생의 마음 씀씀이가 고마웠던 거고. 석굴암까지 올라가느라고 지쳤지만, 올라가서 경주 시내를 내려다볼 수 있었던 거, 그리고 석굴암을 직접 볼 수 있었던 거, 그게 고마웠던 거야. 이유가 없어. 신라에서 말이야, 우리나라에서. 물론 그게 그리스 예술에 원류가 있고 인도, 중국을 거

제주도 산천단의 곰솔나무

쳐 신라에 넘어온 거지만, 뭐랄까, 우리 조상이 직접 만들어낸 궁극의 미, 아름다움이잖소. 그걸 내가 또 언제 볼 수 있나, 고마운 거지. 이유가 없어. 지금도 눈에 선하네. 부산에서 현해탄을 건너 일본에 간 건, 그것도 길게 설명할 건 아닌데, 해방후 몇십 년 동안 조국에 오지 못했잖소. 옛날에 비행기 타고 건너온 사람이 누가 있소. 간단히 이웃집에 가는 것도 아니고 말이야. 처음 우리 조국, 고향에 왔을 때도 배를 타고 왔고, 그 뱃길을 다시 한번 보고 싶었던 거지. 고집이 아니야. 지금은 다시 가보려 해도 갈 수 없네. 아무튼, 참 고마워. 지금 생각해도 눈물이 나.

김환기 그러셨군요. 아무튼 경주여행도 현해탄 바닷길도 감회가 깊을 수밖에 없으셨을 것으로 생각합니다만, 저로서도 선생님과 함께 고도古都 경주여행을 할 수 있어 즐거웠고 고마웠습니다. 실은 개인적인 이야기 하나가 더 있는데요. 한글판 『화산도』를 출간하기 전, 제가 우에노 '청학동' 한국음식점으로 한글 교정본 원고를 가지고 갔을 때, 저를 보고 "미친놈"이라고 하신 것 기억나세요? 이 많은 한글 교정본을 프린트해 비행기로 싣고 오는 놈은 자네밖에 없을 거라며, 깜짝 놀라 웃으시며 얘기하셨잖아요. 생각해 보면, 저도 그때는 젊었고 학자로서 열정이 넘쳤던 것 같습니다. 지금 같으면 절대 못합니다. 하하핫─. 선생님께서 『화산도』를 한국어로 번역한 김환기를 학자/연구자로도 좋고, 솔직히 평가하신다면 어떤 놈(?)이라고 생각하시는지 꼭 듣고 싶습니다.

김석범 뭐? 김환기를 평가하라고, 당신을 내가 평가해? 하하핫─. 미친놈이지, 얼마 전 한국어 번역본을 출간하기 전에 『화산도』 한글 원고를 여행가방에 잔뜩 싣고, 여기 '청학동'으로 왔잖소, 그때 이 양반 미친 놈이라고 생각했지. 히힛─. 정말 대범하고 우직한 성품, 섬세한 신경을 가지고 있고, 그래서 그런 정신을 한다발로 묶어서 굵직한 힘으로 만드는 인물 아닌가. 그 힘을 지탱하는 지속의 힘이 거대한 연구번역사업을 완수하게끔 했고 말이야. 패션passion, 우리말로는 열정인가? 그런 열정의 소유자라고 생각하네. 패션은 그리스도의 수난을 가리키기도 하잖나. 『화산도』를 번역해낸다는 건 수난의 가시밭길이지 않았을까 싶기도 하고. 그런 의미에서 미친놈이라는 거라네. 고마운 사람이야.

김환기 아ー 네, 전 미친놈이 맞는 것 같습니다. 그런데 선생님께 들으니 기분 나쁘게 들리진 않는데요. 그런데 지금에야 고백합니다만, 그때 한글로 워딩한 『화산도』 원고를 읽어보시라고 건네드렸을 때, 이걸 어떻게 다 읽느냐며 손사래를 치셨던 선생님께서 그 많은 원고를 모조리 읽으시고, 오역/오타 부분을 꼼꼼히 지적하신 두툼한 메모지를 국제우편으로 보내주셨지 않습니까. 그때 저 역시 "이 노인네, 진짜 미친 거 아니야?"라며 놀란 적이 있습니다.

어쨌거나 8년간 『화산도』를 번역하면서 우여곡절도 많았습니다만, 저로서도 번역을 마무리할 수 있어 천만다행입니다. 이것도 기억나시죠? 한때 제주도 호텔 로비에서 『화산도』 번역 문제로 조동현 사장과 크게 부딪히며 논쟁했던 일. 하하핫ー.

실은 제가 평소에 아주 좋아하는 시 한 수가 있습니다. 학교 연구실 책상 밑에 정갈하게 적어놓고, 들락거리며 늘 흥얼거리는 서산대사의 오도송입니다. 한번 읊어볼까요. "生也一片浮雲起, 死也一片浮雲滅, 浮雲自體本無實, 生死去來亦如然"[3]. 그런데 선생님, 『화산도』 끝자락에서 산천단

---

3   空手來空手去是人生(공수래공수거시인생) 빈손으로 왔다가 빈손으로 가는 것이 사람살인데, 生從何處來死向何處去(생종하처래사향하처거) 어디서 태어나 이 땅에 오고 죽어서는 어디

언덕에서 이방근이 자살하기 직전, 이 시구를 떠올리지 않습니까. 죽음을 앞둔 이방근의 '부운浮雲' 같은 심경이 느껴집니다만, 최근에는 제가 학교를 오가면서 시상이 닮은 신경림 시인의 「목계장터」를 흥얼거립니다.

하늘은 날더러 구름이 되라 하고
땅은 날더러 바람이 되라 하네.
청룡 흑룡 흩어져 비 개인 나루
잡초나 일깨우는 잔바람이 되라네.
뱃길이라 서울 사흘 목계 나루에
아흐레 나흘 찾아 박가분 파는
가을볕도 서러운 방물장수 되라네.
산은 날더러 들꽃이 되라 하고
강은 날더러 잔돌이 되라 하네.
산서리 맵차거든 풀속에 얼굴 묻고
물여울 모질거든 바위 뒤에 붙으라네.
민물새우 끓어넘는 토방 뒷마루

———

로 가는가?
生也一片浮雲起(생야일편부운기) 삶이란 한 조각의 구름이 일어남과 같고,
死也一片浮雲滅(사야일편부운멸) 죽음이란 한 조각의 구름이 사라짐과 같으니,
浮雲自體本無實(부운자체본무실) 뜬구름은 그 자체로 실체가 없는 거고,
生死去來亦如然(생사거래역여연) 삶과 죽음 오고 감도 그와 같다네.
獨有一物常獨露(독유일물상독로) 오직 한 물건이 있어서 항상 드러날 뿐,
澹然不隨於生死(담연불수어생사) 담담하게 삶과 죽음 따르지 않는다네.
(한글 번역 : 동국대 국어국문과 김상일 교수)

신경림 「목계장터」(동국대 개교 100주년 기념 시비)

석삼년에 한 이레쯤 천치로 변해
짐 부리고 앉아 쉬는 떠돌이가 되라네.
하늘은 날더러 바람이 되라 하고
산은 날더러 잔돌이 되라 하네.

　한 세상 함께하는 인연이라는 게 이런 거구나 싶을 때가 있습니다. 사람과 사람, 사람과 글, 시간과 공간, 자타 인연이란 게 이렇게 실타래로 엮여 연기緣起되는구나 싶습니다. 그나저나 항상 쓰신다고만 하던 에로소설은 언제 나오는 겁니까.

김석범 자네, 언젠가 나한테 브라질인가 콜롬비아인가 남미 갔을 때, 안데스 산인가 아마존의 시원/원초적인 세계를 얘기하면서, 고향인 문경 산골의 모친이 아파 누운 송아지 옆에서 여물을 주며 먹는 시늉을 했더니, 송아지가 기운을 차리고 벌떡 일어났다고 하지 않았나. 그게 짐승이든 사람이든 통하는 시원의 힘이고, 우주의 질서인 게야. 그런 고향의 부모님 얘기가 소중한 거니까. 논문/비평도 좋지만, 그런 삶의 경험 속에서 얻는 얘기들이 소중할 때가 많은 거야, 꼭 글로 써봐. 이 김석범도 죽기 전엔 꼭 에로소설을 쓸 거니까, 기대하라구. 하하핫-.

■ 이 특별대담은 학술지 『일본학』 제56집(동국대일본학연구소, 2022)에 게재되어 있다.
■ 이 특별대담은 2016년의 서면 인터뷰, 2019년 일본 우에노의 한국음식점 '청학동'에서 진행한 대면 인터뷰, 그리고 2022년 새해 전화 인터뷰의 내용을 종합해 재구성한 것이다. 이번에 김석범 선생님의 말씀을 정리하는 과정에서 김석범 문학 연구로 도쿄대학에서 박사학위를 취득한 조수일 박사의 도움이 컸다. 선생님과 인터뷰 때마다 함께 해 주었던 조수일 박사께 이 자리를 빌어 감사드린다.

공로명 전 외무부장관, 경복궁 한정식집 「대송」

"한국사회가 추구해야 할 핵심적 가치는,
첫째는 인간의 존엄성이고, 둘째는 개인의 자유입니다.
이 가장 기본적인 가치를 실현하기 위한, 최선의 환경을 만들어가는 것,
그것이 우리 시대에 주어진 과제입니다."

-공로명-

공로명 孔魯明(1932-)

함경북도 명천 출생
1951 경기고등학교 졸업
1961 서울대학교 법학 학사. 런던대학교 정치경제대학원(LSE) 연수
1953~1958 육군통역장교
1962~1964 주미대사관 3등서기관
1972 주호주대사관 참사관
1977 외무부 아주국장
1979~1980 주카이로총영사
1981 정무차관보(제1차관보)
1983 주브라질대사
1986~1989 주뉴욕총영사
1990~1992 주소련대사
1992~1993 한국외교안보연구원장
1993~1994 주일대사
1994~1996 외무부장관
1997~2004 동국대 석좌교수(일본학연구소 소장)
1998 태평양아시아협회 이사장
2002~2010 평창동계올림픽유치위원장
2008~2011 세종재단 이사장

수상
대한민국 〈홍조근정훈장〉(1981), 〈브라질 남십자성 대훈장〉(1986), 〈일본욱일대
수장〉(1994), 대한민국 〈청조근정훈장〉(1997), 〈자랑스러운 서울대인상〉(2011),
제4회 〈한일포럼상〉(2019) 수상

대표 저서
『위기 극복의 국가학』(기파랑, 2007), 『일본의 갈 길을 생각한다』(솔, 2001), 『나
의 외교 노트』(기파랑, 2014), 『공로명-한국외교와 외교관』(국립외교원 외교안보
연구소, 2019), 『공로명과 나』(월인, 2021) 등

3 | 글로벌시대의 국가경쟁력과 대일·북방외교

공로명(전 외무부장관) × **김환기**(동국대 문과대학장)

3년째 계속되는 코로나 펜데믹은 2022년 현재도 종식되기는커녕 지구촌을 고통으로 내몰고 있다. 의료체계의 위기와 각종 사회적 혼란/부작용을 초래하는 바이러스의 종식은 요원하기만 하다. 매스컴에서는 연일 대통령선거를 둘러싼 여야의 아전인수격 정치 공방도 가열된다. 사생결단식 여야의 정치 공방은 해방정국의 남북/좌우의 혼란상을 연상케 하는 듯해 씁쓸할 따름이다. 그렇지만 한국은 미래지향적 핵심가치를 통해 국가 경쟁력을 확보하고 글로벌 경쟁에서 살아남아야 한다는 선명한 명제를 안고 있다. 21세기의 한국은 어떤 형태로 지구촌에 자리매김할 것인지, 어떤 정치경제, 사회문화적 경쟁력을 담보해낼 것인지, 진지하게 고민할 수밖에 없다.

공로명 장관님은 그동안 한국의 국가경쟁력을 위해 탁월한 정치외교력을 보여주셨다. 특히 해방 이후의 한일/북방/북핵과 관련한 외교적 협상을 성공적으로 이끌며 한국외교사에 큰 족적을 남기셨다. 한국 근현대사의 산증인 공로명 전 외무부 장관님을 모시고, 오늘날 한국사회의 핵심적 가치는 무엇이고, 어떤 정신적 좌표가 필요한지 혜안을 청해 본다.

● **1차 대담** 2020년 ● **2차 대담** 2022년 ● **장소** 경북 문경, 통인동(용금옥)

김환기 장관님 안녕하십니까. 2021년 말 광화문 프레스센터에서 장관님의 구순寿壽을 기념해 출간된『공로명과 나』출판기념회 때 뵙고 새해를 맞았습니다. 지난해 여름 영주/문경 관문을 다녀오시고, 연말 강릉 바닷가로 여행하시기로 했었는데, 실현하지 못해 아쉽습니다. 금년에는 꼭 코로나가 종식되고, 좀 따뜻해지면 동해안으로 나들이 갈 수 있었으면 좋겠습니다. 장관님 건강하신 거죠?

공로명 작년에 구순을 맞았는데 내가 벌써 나이를 그렇게 먹었나 싶더군. 연말에 각계에서 활동하시는 외교계 후배들이 글을 모아 기념집(『공로명과 나』)을 내주셨어요. 고마운 일이지. 학계에서도 몇 사람이 썼는데 김환기 교수 글도 있잖아요. 난 함경도명천 출신이라 추운 걸 무척 싫어하는데, 올초에 한강이 두 번이나 얼었다지요? 아무튼 새로운 대통령을 중심으로 한일관계도 그렇고, 국제정세러시아-우크라이나가 잘 풀려야 할텐데요, 걱정입니다.

김환기 정말로 새로운 대통령이 협치를 통해 한반도를 둘러싼 엄중한 국내외 정세가 잘 풀릴 수 있도록 힘을 모아야할 때인 것 같습니다. 장관님께서는 오랫동안 많은 언론/매스컴을 통해 한국의 국가경쟁력을 위한 외교적 혜안을 많이 제시해 주셨습니다. 오늘은 특별히 제가 그동안 꼭 여쭙고 싶은 부분도 있어 이렇게 자리를 마련했습니다. 현재 한국은 남북

경복궁 서촌 한정식집 「대송」

문제는 물론이고 꼬일대로 꼬여버린 한일관계, 국제적으로는 러시아와 우크라이나의 전쟁까지 한치 앞을 가늠하기 어려운 국면에 직면해 있습니다. 나날이 치열해지고 엄중해지는 국내외 정세를 풀어내고, 공생/협치의 가치를 이끌어내야할 텐데 걱정입니다. 먼저 장관님께 이러한 불안정한 시기에 한국사회의 핵심가치는 무엇이고 어떤 정신적 가치와 좌표가 필요한지 여쭙고 싶습니다.

공로명   우리 민족은 8.15를 맞아 해방은 되었으나, 38선을 앞에 두고 해방과 동시에 미소 양대 세력권 하에 이념과 정치 체제가 다른 두 국가로 출발하게 되었습니다. 이런 남북 간의 대치는 결국 민족상잔의 내전으로

글로벌 리더가 말하는 한국

발전했고, 날이 갈수록 분단은 고정화되어 근본적인 화해가 어렵게 되었습니다.

알다시피 남북의 대치가 쉽게 해결될 수 있는 것도 아니고, 한국전쟁이 남긴 상흔이 70년이 지났음에도 아직 치유의 실마리를 찾지 못하고 있는 것이 오늘의 현실입니다. 물론 남과 북은 그간 이런 대치 상황을 해결하려는 화해의 시도가 여러 번 있었던 것도 사실이나, 그것이 결코 용이한 일이 아니라는 교훈만을 우리에게 남기고 있습니다.

이런 상황에서 우리 한국사회가 추구해야 할 핵심적 가치는, 첫째는 인간의 존엄성이고, 둘째는 개인의 자유일 것입니다. 이것이 우리가 추구해야 할 가장 기본적인 가치이며, 이를 실현하기 위한 최선의 환경을 만들어가는 것, 그것이 우리 시대에 주어진 과제라고 생각합니다.

김환기 현재 한국사회가 추구해야 할 핵심가치로서 인간의 존엄성과 개인의 자유를 말씀하셨는데요, 이는 분명 지구촌을 살아가는 인류에게 공통으로 적용되는 가장 보편적인 가치임과 동시에, 특히 분단국가인 한반도에서는 반드시 지켜내야만 할 가치라고 생각합니다. 그동안 한국사회는 글로벌 무대를 배경으로 정치외교, 사회경제, 문화예술 면에서 괄목할 만한 성장을 해왔고, 앞으로 한층 발전해 OECD국에서도 선진국으로 안착해야 할텐데요. 금년에는 새로운 대통령을 중심으로 정말 국운이 융성하는 한 해가 되었으면 좋겠습니다. 그러려면 지난 세기의 근현대사적 부침沈의 지점들, 예컨대 구한말부터 일제강점기를 비롯해 조국해방과 남북분단, 한국전쟁과 근대화를 실현하기까지 힘겨웠던 역사적 시공간을 기억하고, 한층 강화된 정신적 가치가 필요할 텐데요. 그동안 국제무대에서 한국 외교를 진두지휘하셨던 장관님께서는 전반적으로 현재의 한국정치, 한국의 글로벌 경쟁력을 어떻게 평가하시는지 여쭙고 싶습니다.

공로명 0.7%의 마진으로 승패가 갈린 금번 대통령 선거 결과가 우리에게 보여준 것은, 우리 사회가 크게 양분되었다는 것입니다. 이념적으로 보수와 진보로 대립된 상태인데, 이러한 대립을 완화하는, 그리고 그 힘을 하나로 모아서 더욱 발전하는 사회로 만들어가는 것이 현재를 살아가는 우리에게 주어진 과제일 것입니다. 윤석열 당선인도 '협치'를 자주 언급하는데, 실제로 협치를 하지 않을 수 없는 정치적 여건에 직면해 있습니다. 야당의 의석이 훨씬 많은 현재의 정치 구도에서 여야는 협치/소통의 지혜를 발휘해, 한국의 글로벌 경쟁력을 확보해 나가야만 합니다.

지금 한반도를 둘러싼 국내외적 환경도 날로 더 엄중해지고 있습니다. 이념적으로 상치되는 중국은 경제력을 배경으로 일대일로one belt one road 를 추진하면서 밖으로 영향력을 행사하려고 합니다. 이러한 상황에서 우리의 주권을 유지하고, 우리가 추구하는 가치를 고양하기 위해서는, 동일한 가치를 추구하는 우방과의 유대를 강화하면서 헤쳐나갈 수밖에 없을 것입니다. 그런 측면에서 우리의 안보를 담보하는 한미동맹을 기축으로 일본과의 우호협력 관계를 다지는 길이 우리의 국익이 될 것입니다.

그러한 과정에서 우리의 글로벌 경쟁력의 핵심이 되는 경제력, 그리고 국민 개개인의 창조력을 고양하는 정책을 추구할 필요성이 크다 하겠습니다.

김환기　장관님께서는 한평생을 한국외교의 현장에서 오로지 국익을 위해 뛰어오셨습니다. 주미대사를 비롯해 소련, 일본, 브라질 등 세계 각국에서 한국의 국가 경쟁력을 위해 목소리를 내셨습니다. 특히 장관님께서는 한국의 근대화/산업화 과정에서 주일 대사를 역임하시면서, 한일 양국의 복잡한 현안들을 미래지향적으로 풀어내셨습니다. 한일국교정상화를 비롯해 역사문제며 고베대지진 때의 물적 지원 등, 한일간의 현안이 불거질 때마다 해결사로서 강력한 외교력을 발휘하셨습니다. 사실 과거에도 그랬지만, 최근 유난히 한일 양국은 외교 관계를 비롯해 갈등/대립 양상이 최고조에 달해, 수년간 탈출구를 찾지 못한 채 반목만 깊어졌습니다. 일본의 한국대사관/영사관은 물론이고 정치 외교계가 상호소통을 통해 뭔가 탈출구를 찾아야 할텐데, 경색된 분위기가 가일층加一層입니다. 갈등과 반목만 깊어지는 한일 양국에 장관님의 가르침이 필요합니다. 현재의 한일관계를 어떻게 보시고, 어떻게 풀어가야 하는지 고견을 듣고 싶습니다.

공로명　작금의 한일관계를 볼 때, 앞을 보고 나가기도 바빠야할 때인데

경복궁「용금옥」(동국대 사학과 노대환, 서인범 교수)

글로벌 리더가 말하는 한국

너무나 과거에 발목이 잡혀있습니다. 한일간의 오랜 역사적인 굴레를 벗어나기는 현실적으로 어려운 만큼, 과거사는 잠시 접어두고, 우리의 눈앞에 있는 긴급한 문제, 앞으로의 문제에 좀 더 주력하는 것이 현명한 방법일 것입니다. 사실 한일간의 오랜 역사적인 앙금은 쉽게 해결될 문제가 아닙니다. 이는 오랜 기간을 두고 치유되어야 할 문제인 만큼, 역사적인 문제라든가 그러한 문제들은 잠시 제쳐놓고 보다 현실적인 문제, 양국이 공동의 이익이 될 만한 현실적인 문제에 주력하는 것이 현명한 방법인 겁니다.

고 최규하 대통령께서는 살아생전에 한일간의 어려운 과거사 문제에 대해 말씀하시며 자주 언급하신 말씀이 있습니다. 우리가 시험을 치를 때, 어려운 문제가 있으면 제한된 시간을 생각하며, 우선 쉬운 문제부터 풀어가듯이, 어려운 문제는 잠시 옆에 제쳐두고 쉬운 문제부터 풀어가자고 하셨지요. 이런 선임의 지혜를 살려가야 하지 않겠습니까?

지금까지 양국 정부와 민간에서는 독도, 위안부, 역사 교과서 등 양국 간의 역사적인 문제들을, 나름대로 해결하기 위해 많은 노력을 해왔던 것이 사실입니다. 그러나 그러한 노력의 결과로 생산된 것에 대해서는, 양국이 합의한 것도, 정권이 바뀌면 앞 정부에서 한 것을 존중하지 않고 원점으로 돌리는 폐해가 있었습니다. 문재인 대통령도 당선인 시절 위안부 합의를 부인하다가 작년이 되어서야 합의를 존중한다고 말을 돌린 바 있습니다. 그러니 우리는 조금 더 선인들의 노력을 존중하는 마음을 가져야 한다.

김환기　사실 현재의 한일 양국이 풀어야 할 역사적인 문제들, 즉 독도 문제, 위안부 문제, 역사 교과서, 징용공 문제 등은 구한말/일제강점기를 거치면서 형성된 역사지점들이기 때문에, 해결의 실마리를 찾기가 쉽지 않은 것도 사실입니다. 한국의 입장에서는 '부負'의 역사로 인식되는 일제강점기를 청산해야만 할 역사로 인식하고 있고, 실제로 일본제국에 강제적인 한일병합이었다는 점에서, 일본의 솔직한 사죄를 원하고 있습니다. 그리고 과거 침략 역사에 대한 진솔한 반성을 토대로 미래지향적인 한일관계를 열어가자는 논조인데, 현실정치는 그와 반대로 가는 듯해 안타깝습니다. 결국 한일 양국의 정치인들이 과거 식민/피식민의 역사를 국내정치에 유리한 방향으로 활용하면서 생기는 부분도 적잖은 것 같구요. 장관님께서는 이러한 역사문제독도, 위안부, 역사교과서를 한일 양국의 진정한 국익을 위해 어떻게 인식하고 풀어가야만 한다고 생각하시는지요.

공로명　그런데 일본과의 문제에서 제일 가시가 되는 것은, 지금은 일본군 위안부 문제, 항상 문제가 되고 있는 독도 문제, 그리고 역사인식의 문제입니다. 일본군 위안부 문제는 일본정부가 강제적으로 한국 여성을 동원해서 군의 성노예로 만든 것에 자신들의 잘못을 시인하고 사과하겠다는 것이 고노 담화입니다. 김영삼 대통령 당시 우리 정부가 그 사과를 받아들이고, 외교부가 그 사과를 받고 평가한다는 이야기를 하고, 이후 이 문제는 더이상 외교적인 문제로 삼지 않는다고 했습니다. 그것이 지금은 재

74

차 헌법소원 등으로 외교 문제로 부각 되었습니다만.

그리고 독도는 역사적으로나 지리적으로나 분명 우리 땅입니다. 그런데 일본이 1905년에 자신들의 영토라고 발언을 한 이후에 자신들에게 영유권이 있다고 주장하고 있습니다. 양쪽 주장이 평행선을 이어가고 있는데, 여기에는 사법적인 해결 방법이 있고, 양자 간에 타협, 협상에 의한 해결 방법이 있습니다. 그런데 영토 문제를 한일 간에 협상으로 해결한다는 것은, 도저히 생각할 수 없는 것입니다. 양국 학자들이 냉정하게 역사적인 사실들을 고증해서, 양국 국민의 이해가 높아지도록 이 문제를 가져가는 것밖에 길이 없는 것입니다. 우리가 소리를 지르면서 일본을 비난하고 반대한다고 해결될 문제는 아닙니다. 일본이 자신의 주장을 철회할 것은 아니기 때문입니다. 일본에서 독도가 한국 땅이라고 시인을 하고 살아남을 정부가 있겠습니까? 한국도 마찬가지로 독도를 포기하는 정부는 그날로 아마도 깃발을 내려야 할 것입니다. 국민 감정에서도 허용되지 않는 문제입니다.

따라서 이를 항상 한일관계의 중앙에 가져다 놓으면, 양국 관계는 발전할 수가 없습니다. 그러므로 우리에게는 균형 감각이 필요합니다. 국민 감정을 이용해서 이 문제에 접근하는 정치가들도 없지 않아 있습니다. 그런 것은 결코 국익을 위한 일이 아닙니다. 일본과의 관계가 잘 되었을 때, 우리에게 어떤 이익이 있겠냐 하는 것을 생각해야 합니다. 그런데 안타깝게도 이러한 문제를 다루는 외교부 스스로가 한일관계에 대한 정열이 없는 것 같습니다. 참 안타깝습니다.

버락 오바마Barack Obama 대통령이 박근혜 대통령과 공동기자회견을 하면서, 역사문제에 관해서는 "우리는 과거를 돌아봄과 동시에 미래를 내다봐야 한다"는 이야기를 했어요. 한국은 과거에 대해서는 용서할 수 있는 관용이 필요하고, 일본은 과거에 대해서 언제까지나 겸허하게 사죄하는 자세가 필요합니다. 이런 태도 없이 양국 간의 역사적인 화해는 이루어질 수 없는 겁니다. 너무나 과거에 집착해서 미래를 내다보지 못한다면 친구를 잃습니다. 국제적으로 친구를 잃어요. 일본만 고립되는 게 아니라, 우리도 고립이 됩니다. 특히 일본 일부 보수들이 역사인식 문제와 관련해 벌이고 있는 혐한 행동은 대단히 유감입니다. 그런 방식을 고수한다면, 일본은 도덕적으로 참다운 친구를 얻을 수가 없죠. 영원히 이웃 국가로서 공생해야 하는데, 그 태도는 같이 사는 방법이 아닌 거죠.

김환기 장관님께서는 한국의 북방외교의 첨병 역할을 하셨고, 실제로 러시아의 초대 대사를 맡으면서 외교 최전선에서 북방외교를 성공적으로 이끌어주셨습니다. 평소에도 "우리의 안보를 담보하는 한미동맹을 기축으로 하고 일본과의 우호협력 관계를 다지는 길이 우리의 국익이 될 것임"을 강조하셨습니다. 우방국인 미국과 일본은 말할 것도 없지만, 앞으로 중국과 러시아와의 관계도 아주 중요할 것으로 봅니다. 특히 지정학적으로도 그렇고, 앞으로 한반도의 통일을 준비한다는 관점에서 중국, 러시아 등과의 관계는 중요해 보이는데요. 이들 주변 강대국들과 어떤 핵심가치를 가지고 외교관계를 풀어가야 하는지 말씀을 듣고 싶습니다.

공로명 이범석 장관이 1983년 6.23선언 선포 10주년을 맞이해 국방대학에서 연설을 할 때, 이건 거의 렌드마크인데 "앞으로 우리 외교가 풀어나가야 할 최대 과제는 소련 및 중공과의 관계를 정상화하는 북방정책의 실현이다"라는 이야기를 합니다. 처음으로 우리 외교당국자가 북방외교라는 이야기를 시작한 겁니다. 그리고 그 연설 속에서 "남북관계가 정상화되면 북방정책은 자연히 실마리가 풀려나간다. 북방정책의 진전은 남북관계를 개선하는 계기가 될 것이다"라고 하셨죠. 미래를 꿰뚫는 통찰력은 빗나가지 않았고, 마침내 1989년 11월에 한소간에 영사처 설치와 함께 양국의 공식관계가 출발했던 겁니다. 지금은 해외 영사처장의 임명장을 외무부 장관이 주지만 한때는 국무총리가 줬어요. 그런데 당시 예외적으로 청와대로 들어가 대통령으로부터 직접 신임장을 받았어요. 신임장 수여식이 끝나고 담소하는 자리에서, 노태우 대통령이 연내에 모스크바를 구경시켜달라는 말씀을 하셨는데, 그것은 한소간에 수교를 마무리해 달라는 뜻이잖아요. 그만큼 노태우 대통령의 대소 국교정상화에 강한 집념이 반영된 것이라고 할 수 있습니다.

소련도 마찬가지고, 중국도 공산국가로서 우리와는 추구하는 정치적인 가치가 다릅니다. 그러나 글로벌시대는 양국이 상호 이익이 될 수 있는 문제들은 협력해 나가는 것, 그것이 국익에 이바지하는 길일 것입니다.
문제는 중국이 시진핑 체제 하에서 소위 '중국몽', 중국의 영향을 강화하
려는 팽창주의적인 정책을 쓰고 있기 때문에, 많은 불편한 상황들이 일어
나고 있다는 겁니다. 시진핑이 장기집권을 하고 있고, 당분간 이 체제가
계속될 수 있는 만큼 중국과의 관계는 어려운 국면을 맞이하게 될 것이라
고 봅니다.

저는 평소에도 늘 "자유민주주의와 시장경제체제의 가치를 수호하고,
이를 추구하는 한국으로서는 우리와 공동의 이념과 가치를 추구하는 미
국과의 동맹관계를 강화하고, 우리와 같이 미국과 동맹관계에 있는 일본
과 가일층 협력관계를 구축해야 한다고 얘기합니다. 미국 및 일본과의 동
맹 내지 준동맹관계를 축으로 하고, 한반도와 밀접한 이해관계를 갖는 주
변 강대국인 중국, 러시아와 선린우호 협력관계를 추구하는 것이 21세기
에 한국이 살아나갈 길"이라고 했습니다. 우리로서는 우리의 동맹국인
미국과, 동맹에 준하는 공동의 가치를 추구하고 있는 일본과 상호협력하
면서 공동으로 대처해 나가는 것이 우리의 국익이 될 것입니다. 한편, 한
일관계는 과거 역사문제 때문에 자칫 민족 감정적인 문제로 비화하는 일
이 많은데, 이러한 상황을 피하도록 노력하고 양국이 협력해서 동북아시

---

1 동국대 일본학연구소의 학술지 『일본학』(제17집부터 제20집까지)에는 공로명 장관님의 글
「21세기 일본의 대동북아 정책의 전망」, 「21세기의 한국과 일본」, 「서울에서 본 한일의 선
린관계」 등이 실려 있다.

아에서의 문제에 대처하는 것이 우리에게 이익이 됩니다.

지리적으로 일의대수一衣帶水의 이웃으로 2000년이 넘는 역사를 같이 하는 두 나라에는 복잡한 사정이 전제합니다만, 우리는 양국의 관계를 양자관계의 좁은 시야에서만 볼 것이 아니라, 세계사의 관점에서 접근할 필요가 있습니다. 체제와 가치를 달리하는

『한국 외교와 외교관』
(국립외교원 외교안보연구소, 2019)

중국의 팽창주의가 날로 기승할 때, 자유민주주의와 시장경제를 추구하는 한일 양국이 행동하여 대처하는 것이 현명한 전략임은 자명한 일입니다. 모름지기 작은 이익을 버리고 큰 이익을 추구해야 할 것입니다. 우리의 안보를 담보하는 한미동맹을 기축으로 하고, 일본과의 우호협력 관계를 다지는 길이 우리의 국익이 될 것입니다.

저의 평소 지론은, 우리의 안보에 대한 국민들의 인식에 대해서만큼은 여야가 따로 없고 하나가 되어야 한다는 것입니다. 그렇지 못하면, 옆 나라에서 그걸 이용할 수 있는 빌미가 될 수 있음을 기억해야 합니다.

김환기 사실 저는 그동안 전세계에 흩어져 살아가고 있는 코리안 디아스포라의 역사/문학을 연구해 왔습니다. 2010년 호세이대학 가와무라 미나

브라질 리우 데 자네이루 예수상

토 교수님과 브라질/아르헨티나의 일본계/한국계 이민문학을 조사하기 시작해 북미지역캐나다/미국, 중미지역멕시코, 도미니카, 아이티, 남미지역파라과이, 페루, 볼리비아, 칠레, 콜롬비아, 유럽지역프랑스, 독일, 아시아지역구소련권, 중국, 일본의 한인들의 문학을 조사/연구했습니다. 국가/지역별로 코리안 디아스포라의 역사적, 사회문화적 지점은 제각각이라 일괄적으로 평가할 수가 없습니다. 구한말 노예처럼 팔려갔던 멕시코 에니켄과 하와이 사탕수수 농장의 한인들, 구소련권 스탈린 정권에 의한 '1937년 고려인 강제이주', 모택동의 공산사회주의 혁명과 함께 했던 중국 조선족, '적국'의 나라에서 역사적 '부'의 청산에 앞장선 재일 코리안, 인종차별에 맞섰던 미국의 한인들, 파독 광부/간호사의 조국애에 이르기까지 코리안 디아스포라의 여정은 참으로 혹독했습니다. 지금이야 과거의 동서냉전 시대와는 다

글로벌 리더가 말하는 한국

르긴 하지만, 여전히 전세계에는 740만여명의 코리안 디아스포라들이 여전히 삶을 이어가고 있습니다.

한국사회가 미래에 글로벌 경쟁력을 확보하려면, 앞으로 전세계에 흩어진 이들 한인 디아스포라들의 역량을 이해하고 상호협력하는 구도도 중요해 보입니다만, 장관님께서는 어떻게 보시는지요.

공로명 김환기 교수는 해외 한인사회의 역사와 문학작품에 관심을 가지고 체계적인 연구를 해왔는데, 그 연구의 결과물을 경외합니다. 사실 70년대 이전에는, 해외동포는 재일한국인과 동의어로 인식되었어요. 그러나 오늘날에는 일본에 거주하는 한국인은 60만이 넘지 않고, 재미 교포 사회가 200만이 되는 등 세계 도처에 Korean community가 형성되어 활발한 활동을 하고 있습니다. .

한 예로, 제가 1983년도부터 3년 넘게 주브라질 대사로 부임한 적이 있는데, 당시 1963-64년에 우리나라에서 브라질로 많은 숫자의 농업이민이 들어갑니다. 이들 농업이민자들은 주로 동대문/남대문에서 상업하던, 북한에서 월남했던 피난민들이나 퇴역 장교들 같은 지식인층들이었어요. 전수농업 이민자는 당시 브라질리아에 한 분이 계셨는데, 그분만 전업 농업인이고, 나머지 분들은 아니었죠. 1960년대만 해도 우리 사회에 고등유민들이 많을 때입니다. 대학 졸업생들이 서독 광부로 가고 그럴 때니까. 그래서 이분들이 가서 6개월 이내에 다 농장에서 도망나와서 상파울루, 도시로 집결합니다. 브라질 정부의 입장에서는 자기들이 의도했던 농업이민하고는 많이 다르니까, 한국 이민자 수용을 잠시 멈췄죠.

그렇다고 브라질 쪽에서도 그 사람들을 강제로 농장에 집어넣을 수는 없는 거고, 이 사람들이 또 생활력이 강해서 제가 갔을 때에만 해도, 벌써 이미 브라질에서 의복 상권을 쥐고 있었어요. 그전에는 유태계 유럽 이민자들이 가지고 있던 건데, 옷 만드는데 종사해서 다들 성공을 합니다. 그렇다고 전에 한국에서 옷을 만들던 사람들인가 하면 별로 그렇지도 않은데, 한국 사람들이 그만큼 눈썰미가 좋고 손재주가 있는 것이지요. 그 이민자 부인들이 파리에 가서 오트 쿠튀르Haute Couture 하는 것을 보고 카피해서 팔았는데, 그곳 시장을 석권했습니다. 브라질뿐만 아니라 남미까지 석권했죠. 그렇게 남미의 아르헨티나, 칠레에서 브라질 상파울루로 옷을 사러 오는 정도가 되었습니다. 아마 지금도 한국의 이민자들이 상파울루와 부에노스아이레스를 중심으로 남미 의류시장을 석권하고 있지 않습니까. 최근에 한국의 대학 의류학과 교수들이 상파울루 현지 한인 디자이너들과 협력해 패션쇼까지 개최했다고 하지 않아요. 지구 반대편에서 대단한 성공을 이룬 겁니다.

아시다시피, 앞으로도 계속 우리나라의 생존을 위해서 필요한 것은 한미 동맹을 중심으로 한 안전보장정책일 것입니다. 한미동맹이 70년이 지났는데, 이것이 앞으로도 계속 군건하게 유지될지 여부는 우리가 한미관계를 꾸준히 관리하는 데에 달려 있습니다. 그 동맹 관계를 관리하는 데

에 있어서 미국에 있는 200만의 동포
는 귀중한 자산이 됩니다. 그런 견지
에서도 우리나라의 해외동포 정책은,
현지에서 생활해 나가는 데에 성공할
수 있는 기반을 만들어가는 것을 장려
하고, 그걸 위해서 지원하는 것을 근
간으로 삼아왔습니다. 그런 정책을 앞
으로도 꾸준히 유지하면서 재미동포
를 위시한 세계 각국의 해외동포들과
유대관계를 유지하고, 고국과의 왕래

『공로명과 나』(월인, 2021)

를 원활히 하는 것이 우리에게 필요합니다.

김환기 장관님께 브라질의 한인 농업이민과 의류사업 성공담을 들으니
까. 2010년부터 여름방학을 이용해 7년간 중남미지역을 돌며 연구조사
를 했던 시간이 아련합니다. 특히 아마존, 마추픽추, 안데스산맥. 남극 우
수아이아, 칼라파타 빙산, 이과수폭포 등 천혜의 남미대륙 원시 공간을
접하며, 문화충격에 휩싸였던 기억이 새롭습니다.

　화제가 바뀝니다만, 동국대학교 일본학연구소는 한국 최초로 일본학을
연구하는 기관으로 출발해 어언 40년을 넘겼습니다. 그동안 나름대로 일
본학연구소도 한일 양국의 학문적 교류와 상호이해증진을 위해 노력했고

성과도 있었다고 생각합니다. 특히 장관님께서 7년간1997년~2003년 일본학 연구소 소장으로 계시는 동안, 일본학연구소는 크게 발전하며 학문연구의 초석을 다졌습니다.국제학술심포지엄. 이희건 기금 유치 등 저는 그때 전임연구원으로서 장관님을 모시며, 각종 학술행사를 준비하고 세계적인 학자들과 소통하며 큰 배움의 시간을 가졌습니다. 앞으로도 일본학연구소는 한일 양국은 물론이고 동아시아/세계적 관점을 견지하며 학문적 발신을 이어가야만 합니다만, 어떤 가치를 가지고 학문적 방향을 선도할 수 있을지 가르침을 받고 싶습니다.

공로명 알다시피 동국대는 우리나라 대학에서 최초로 일본학연구소를 만든 대학입니다. 한국의 많은 대학이 일본 식민지 예속의 굴욕 때문에, 일본을 증오할지언정 일본을 연구하겠다는 분위기가 쉽지 않은 가운데에서, 동국대 일본학연구소 초대 정재각 소장동국대 총장과 지명관 선생은 그럴수록 일본에 대한 연구가 필요하다는 학문적인 견지에서 일본 연구를 시작했습니다. 그러한 설립 취지를 잊지 말고, 우리와 가장 깊은 관계에 있는 일본 연구를 통해 동국대 일본학연구소는 이상적인 한일관계를 만들어가는 길을 제시하는 학문적인 사명이 있다고 생각합니다.

김환기 2019년 연구소 창립 40주년을 기념해 장관님을 비롯해 교토의 마루한MARUHAN 그룹 한창우 회장을 모시고 특별 학술행사를 가진 적이 있습니다. 특히 장관님께서 소장으로 계실 때 많은 국제행사를 기획하셨는데, 제게는《재일 한국인 1세에게 듣는다》는 학술행사를 통해 재일 사학자 이진희, 강재언 교수를 초청했던 기억이 무척 인상 깊습니다. 더 늦기 전에 재일 1세대 학자들의 이야기를 듣고 기록해둬야 한다고 하셨지요. 당시 제게는 남북한과 한일 양국의 입장을 한쪽으로 경도되지 않는, 객관적인 한국/한국인/한국문화와 일본/일본인/일본문화를 월경/트랜스네이션의 관점이 신선했습니다. 남북한/한일양국에서 경계/변경이라는 관점에 내재된 보편적 가치와 열린 세계관을 천착한 것이라고 봅니다. 앞으로 남북이 통일시대를 열어가는데, 중국/러시아의 조선족/고려인의 역할도 중요하지만, 이렇게 남북한/한일간의 틈바구니에서 확장된 세계관을 견지한 재일 코리안들의 역할이 중요해 보입니다. 장관님께서는 앞으로 재일 코리안의 역사, 위치, 가치 등을 어떻게 보시는지 궁금합니다.

공로명 당시 외무부장관을 그만두었는데 동국대 송석구 총장한테 갑자기 연락이 왔어요. 송 총장은 일면식도 없었던 분인데, 저한테 동국대 일본학연구소장을 부탁하길래 평소 대학에 관심도 많고 해서 수락했지요. 그렇게 학교생활을 시작했는데, 그때 김교수와 국제심포지엄《일본문화와 한국문화》을 비롯해《도요토미 히데요시가 남긴 것》,《일본의 6대 개혁》등 한일 양국의 정치경제, 사회문화 방면의 저명한 학자들을 모시고 많은 행사를 했었는데요. 특별히 재일동포 1세대 학자들, 역사학자 이진

동국대 일본학연구소 창립 40주년 기념 축사

희 선생광개토왕비 연구, 강재언 선생, 문학평론가 안우식 선생 같은 분을 모시고 개최했던 강연회/심포지엄은 참 잘했다는 생각이 듭니다.

지금 일본에 있는 한인들은 3세대를 지나서 4, 5세대로 가고 있습니다. 그럴수록 이들은 일본 사회에 동화되어가고 있고, 한국적인 요소가 날로 희박해지고 있습니다. 우리나라의 해외동포 정책이 기본적으로 그 사회에 적응해서 뿌리를 내리게 하는 것이 좋다는 생각에서 해왔기 때문에, 재일동포의 경우에도 종국에는 일본 사회에 동화될 수밖에 없습니다. 그런 가운데에도 재일동포 사회에서는 부모들의 모국과의 유대를 유지하겠다는 사람들이 있습니다. 이런 사람들과의 왕래, 유대를 통해서 재일동포 사회와의 연결의 고리를 계속 유지하는 것이 바람직합니다. 그들을 아주 잊지는 말자는 뜻이지요.

최근 언론에도 많이 보도된 이민진 작가의 『파친코』를 비롯해 차학경의

글로벌 리더가 말하는 한국

『딕테』, 노라 옥자 케러의 『종군위안부』, 이창래 『네이티브 스피커』, 정이삭 감독의 『미나리』 등 재미동포 작가들이 쓴 작품들의 인기가 대단합니다. 재일동포 작가 김석범의 『화산도』와 아쿠타가와상을 수상한 이회성의 『다듬이질하는 여인』, 유미리의 『가족 시네마』 등도 많은 인기를 끌었잖아요. 이렇게 이국땅에서 한국/한국계 이민자로서 자기민족 정체성을 유지하며 미국과 일본 등 전세계적으로 문학계에서 활동하는 한인 작가들이 적지 않습니다. 특히 『화산도』는 김환기 교수가 8년에 걸쳐 번역하신 대하소설인데, 제주도 '4·3사건'과 혼란했던 해방정국을 리얼하게 얽어낸 작품 아닙니까. 큰 작업을 했어요.

김환기   실제로 재일 코리안들은 한국의 근대화/산업화 과정에서 지대한 역할을 했음은 역사적 팩트입니다. 한일국교정상화 이후에 포항제철, 구로공단, 산업기술 면에서 많은 도움을 주었고, 1988년 올림픽 때 동포들의 금전적 지원, IMF며 조국이 힘들어할 때마다 물심양면으로 도움을 주셨던 분들입니다. 하지만 한국정부에서 재일 코리안에 대한 역사적, 학술적 평가는 인색했던 것도 사실입니다. 앞으로 한국사회가 재일 코리안들을 좀더 따뜻하게 감싸고, 그들도 조국을 좀더 가깝게 생각하는 분위기가 필요할 것 같습니다. 개인적으로 한국은 글로벌 경쟁력 확보를 위해, 이들 재일 코리안을 비롯한 경계/변경에 위치한 동포들의 힘을 좋은 의미에서 잘 활용해야만 한다고 생각합니다. 특히 적극적인 남북한/한일 양국의 교류소통과 우호증진에 재일동포들의 역할은 소중하다고 보는데요, 장관님께서는 어떻게 생각하시는지요.

공로명　해방 70년에 남북은 같은 언어를 쓰는 민족이라고는 하나, 각자가 처한 사회적 환경이 달라서 외국인이나 다름없는 상황에 이르렀습니다. 이러한 현실에 비추어서 재일동포 사회 일부에서는 남북의 융합을 위해서, 재일동포 사회가 기여할 수 있는 공간이 있지 않느냐는 소론을 펼치는 사람들이 있습니다. 저도 그와 같은 생각에 대해 많은 공감을 합니다. 재일동포 사회는 북한과의 왕래가 제한된 속에서도 많은 재일동포들이 가족방문 등의 명목으로 북한을 간다는 점에 비추어 보면, 그러한 연결이 재일동포 사회의 한 축이 될 수 있다고 생각합니다. 굴절된 근현대사를 온몸으로 지탱하며 살아왔던 재일동포 사회의 특수한 정치경제, 사회문화적 지점은 앞으로의 한일관계, 남북관계에서 필시 건설적인 역할을 담당할 수 있을 것입니다.

　최근 재일동포 사회에서 건립한 교토의 한국학원현재 교토국제학교이 일본의 전국고교야구대회고시엔에 출전해 준결승까지 올라가 재일동포 사회가 떠들썩하지 않았습니까. 이 전국고교야구대회는 일본의 NHK방송에 생중계 되는데 그때마다 출전 고교의 교가를 소개합니다. 특이한 것은, 교토국제학교는 재일동포들이 만든 학교이니까현재는 경영상의 어려움으로 일본정부에 기부 교가가 한글로 되어 있는데, 그 한국어 교가가 NHK방송을 타고 몇 차례 일본 전국으로 울려 퍼졌다는 겁니다. 교토는 말할 것도 없고 일본 전국의 재일동포들이 감격의 눈물을 흘렸고, 몇일만에 학교/야구부로 거금의 기부금이 들어왔다지요. 디아스포라로서 한많은 삶을 살아왔던 동포들의 남다른 조국애/민족애라고 생각합니다. 한국과 일본, 남과북을 한시도 잊지 않았던 재일동포들, 그리고 해외에 정착해 힘겹게 살아가고 있는 해외동포들의 마음을 소중히 기억할 필요가 있어요. 앞으로 통일시대를 열어가는데 이들 해외동포들의 역할은 분명이 있을 것이라고 봅니다.

김환기　네, 저도 교토국제학교가 고시엔甲子園에 출전해 한글 교가가 울려 퍼지는 것을 보며 참으로 가슴이 뭉클했습니다. 해외에 나가면 모두가 애국자가 된다고들 하지만, 확실히 재일동포들의 조국애/민족애는 역사문화적으로 볼 때 특별할 수밖에 없다고 생각합니다. 그리고 장관님, 몇 년 전 사모님께서 작고하시고 난 후, 댁에 소장하고 계시던 귀중한 장서 일체를 저희 일본학연구소에 기증해 주셨는데요, 현재 한일관계를 공부하는 후학들이 매우 잘 활용하고 있다는 말씀을 드립니다. 다시 한번 감사하다는 말씀드립니다.

문득 생각납니다만, 25년 전 동국대 일본학연구소 소장으로 계실 때, 장관님 연구실에는 한시 한 수가 정갈하게 액자로 걸려 있었는데요. "踏雪野中去, 不須胡亂行…"이라는 한시였던 것 같습니다. 분명 이 한시는 장관님과 어떤 사연이 있을 것이라 여겨, 기회가 되면 꼭 여쭤봐야겠다고 생각했었는데요. 지금도 이 한시 액자 가지고 계시는지요?

공로명 "踏雪野中去, 不須胡亂行, 今日我行跡, 遂作後人程"[2]라는 어구는, 원래 조선 후기에 사대부로서 농민들의 참상을 아파하는 민요시를 많이 지었던 문인 이양연임연의 시인데, 김구 선생이 애송한 것으로 잘 알려져 있어요. 김구 선생은 민족의 지도자로서 일제강점기와 혼란했던 해방정국을 어떻게든 하나의 통일조국을 위해 노력하셨던 분인데, '野雪'을 통해 당시 민족의 큰 지도자로서 개척정신과 나라 사랑을 상징적으로 읽을 수 있는 어구입니다. 경남에 있는 모 인사가 써주었던 것인데, 95년에 그때까지 살던 집을 처분하고 이사할 때 같이 처분해서 지금은 가지고 있지 않아요.

김환기 장관님 바쁘실텐데도 이렇게 불쑥 찾아온 제게 특별히 대담인터뷰를 해 주셔서 정말로 고맙습니다. 주옥같은 말씀을 일본학연구소 학술지 『일본학』에 소개해서 많은 후학들이 정신적 거울로 삼도록 하겠습니

---

2 〈踏雪野中去(답설야중거)〉
   踏雪野中去(답설야중거) 눈 내린 들판을 걸어갈 때는
   不須胡亂行(불수호란행) 발걸음 제멋대로 하지 말지니.
   今日我行跡(금일아행적) 오늘 내가 걸어가며 남긴 자취가
   遂作後人程(수작후인정) 뒷사람의 이정표가 될 것이기에.

(한시 번역 : 동국대 국어국문과 김상일 교수)

다. 장관님, 지난해 여름 동국대 사학과 서인범/노대환 교수와 함께 영주와 문경새재를 여행하고, 문경에서 하룻밤 묵었었는데 좋았던 것 같습니다. 대단한 여행은 아니었지만, 흔쾌히 문경여행을 위해 장충동 '서울클럽'에서 장관님께서 결단식과 해단식까지 챙겨주시지 않았습니까. 연말에는 꼭 강릉으로 겨울여행을 가기로 했었는데 실현하지 못해 아쉽습니다. 창궐하는 코로나가 소소한 일상까지 헝클어놓는 듯해 안타까웠는데요. 이제 코로나도 한풀 꺾이는 분위기인 것 같으니까 조만간 동해안 여행을 추진하도록 하겠습니다. 장관님 함께 가실 거죠?

공로명　지난해 여름 영주하고 문경 나들이가 좋았지. 한여름 더위가 장맛비에 씻겨 나가고 난 후에 계곡에서 피어오르던 물안개가 일품이었지. 박정희 대통령이 식민지 시대에 교사로 생활했던 생가도 둘러보았는데 잘 정비해 놓았더군요. 올해 코로나가 종식되면 동해안 바닷가로 여행 가기로 했으니까, 언제 결단식을 합시다. 여기 '용금옥'도 좋고 '서울클럽'도 좋고. 나야 백수인데 뭘, 남는 게 시간밖에 더 있나, 언제든 갑시다, 하하핫─.

■ 이 특별대담은 학술지 『일본학』 제57집(동국대일본학연구소, 2022)에 게재되어 있다.
■ 공로명 장관님의 말씀 중에는 2011년 국립외교원에서 발간한 '오럴히스토리 총서' 『공로명─한국외교와 외교관』에 수록된 내용 일부도 포함되었다. 공로명 장관님과 약속한 동해안 여행은 2022년 6월에 다녀왔고, 그후 8월에는 순창, 광주, 군산으로 한여름 여행을 하였는데, 함께 동행해 주신 동국대 서인범/노대환 교수께 감사드립니다.

가와무라 미나토 교수(문학평론가), 을지로 「커피한약방」

"무상관에 근거한 불교사상의 심오함과 시공을 초월해 관통하는
'娑羅雙樹' '盛者必衰'의 진리/이치를 일러주잖아요.
국가나 개인이나 명리를 강조하며,
앞만 보고 달리는 작금의 경쟁 사회가 깊이 새겨볼 만한 고전이자 울림입니다."

- 가와무라 미나토 -

가와무라 미나토 川村湊(1951~)

1951 홋카이도(北海道) 아바시리시(網走市) 출생
1974 호세이(法政)대학교 법학부 정치학과 졸업
1980 평론「이상한 것을 둘러싸고–쓰레즈레쿠사론」으로 〈군상신인문학상〉 수상
1990~2017 호세이대학 국제문화학부 교수
2017~ 호세이대학 명예교수

문학상
〈히라바야시 다이코(平林たいこ) 문학상〉(1995), 〈이토 세이(伊藤整) 문학상〉
(2004), 〈군상신인문학상〉(1980) 등 수상

대표 저서
『이상한 영역』(국문사, 1983), 『비평이라는 이야기』(국문사, 1985), 『나의 부산』(풍
매사, 1986), 『서울의 우수』(초풍관, 1988), 『아시아라는 거울』(신쵸사, 1989), 『이
향의 쇼와문학』(이와나미서점, 1990), 『남양·가라후토의 일본문학』(지쿠마쇼보,
1994), 『전후문학을 읽는다』(이와나미서점, 1995), 『만주붕괴』(문예춘추, 1997),
『전후비평론』(고단샤, 1998), 『문학으로 보는 만주』(요시카와홍문관, 1998), 『태
어나면 그곳이 고향』(헤이본샤, 1999), 『서울 도시 이야기』(헤이본샤, 2000), 『기
생』(작품사, 2001), 『일본의 이단문학』(슈에이샤, 2001), 『한국·일본·재일을 읽는
다』(임팩트출판회, 2003), 『아리랑 고개의 시네마 거리』(슈에이샤, 2005), 『무라
카미 하루키를 어떻게 읽을까』(작품사, 2006), 『온천문학론』(신쵸사, 2008), 『후
쿠시마 원발(原發)인재기』(현대서관, 2011), 『호수피스 병동의 여름』(다바타서점,
2018), 『하포네즈 이민촌 이야기』(임팩트출판회, 2019), 『가와무라 미나토 자선
집(전5권)』(작품사, 2015-16), 『가교로서의 문학』(호세이대학출판국, 2022) 등

언택트untact 시대의
월경越境과 디아스포라 문학

가와무라 미나토(川村湊, 호세이대학 명예교수) × **김환기**(동국대 문과대학장)

21세기의 한국사회는 첨단디지털산업과 문화적 역량을 발휘하며 과거 負의 역사를 극복하고, 디지로그digilog 시대를 착실히 열어가고 있다. 하지만 한반도를 둘러싼 국제정세는 엄중하며, 특히 이웃국 일본과는 역사문제로 인해 대립국면이 거세다. 과히 총구없는 전쟁을 연상케할만큼 양국관계는 경색일로다. 재차 김대중 대통령과 오부치 총리가 선언했던 한일양국의 파트너쉽을 소환해야만 하지 않을까. 잘못된 역사를 직시하고 건강한 미래지향적 양국관계를 열기 위해 통큰 교류/협력플랜을 가동시켰던 두 지도자의 결단력이 눈에 선하다.

일찍이 문학평론가 가와무라 미나토 교수는 포스트 콜로니얼과 월경의 관점에서 동아시아와 주연周緣의 영역에서 활성화된 문학텍스트를 주목했다. 특히 일제강점기의 동아시아 한국, 중국/만주, 대만, 동남아에 형성된 일본어문학과 북방의 아이누, 남방의 오키나와, 경계선상의 재일코리안 문학을 통해 열린 세계관을 발신했다. 오늘 가와무라 미나토 교수를 모시고, '언택트 시대의 월경과 디아스포라 문학'이라는 주제로 현시대를 진단하고 우리시대에 필요한 가치를 청해 보기로 한다

● **1차 대담** 2022년 2월 5일   ● **장소** ZOOM 인터뷰(서울–홋카이도)

김환기 교수님, 안녕하십니까. 2019년 가을이었던 것 같은데요, 〈일본사회문학회〉 국제학술대회를 동국대에서 개최할 때 뵙고, 몇 년간 뵙지 못했습니다. 홋카이도北海道에서 요양하시며 작년 부산에서 「임진왜란과 도요토미 히데요시」 관련 ZOOM 학술대회에 참가하시는 모습을, 화면을 통해 잠깐 보긴 했습니다만, 요즘 건강은 어떠신지요?

가와무라 미나토 코로나 팬데믹Pandemic으로 학술활동을 거의 못할 것이라 생각했었는데, 의외로 온라인상에서 강연도 하고 해외에 있는 분들과 이렇게 만날 수 있으니 연구환경이 나쁘지만은 않은 것 같습니다. 김환기 교수를 비롯해 낯익은 한국의 연구자들과 이렇게 ZOOM으로나마 만날 수 있어 반갑습니다. 저는 홋카이도에서 요양해가면서 글도 쓰고, 이렇게 가끔씩 강연도 해가며 그럭저럭 지내고 있습니다.

김환기 돌이켜 보면, 제가 교수님과 처음 인연을 맺게 된 것은 20년 전쯤 한국현대문학회의 국제학술대회에서였습니다. 개인적으로 당시 일본에서 유학을 마치고 귀국해 학계에서는 주목받지 못한 채, 한두 편 논문 쓰는 게 고작이었을 때였는데, 일본문학 평론계의 대가이신 교수님의 토론을 맡으니 영광이 아닐 수 없었지요. 그 무렵, 그러니까 1990년대를 전후해 교수님께서는 한국문학계와 활발하게 교류하셨고, 제 기억으로는 동아시아적 관점에서 일본과 한국, 중국과 대만을 넘나드시며 많은 역작

평론서을 통해 평론계를 장식했던 것 같습니다.

특히 제게는 일본 바깥의 일본어문학이라는 관점과 주류/중심보다 비주류/주변, 일종의 주연周緣의 영역인 소수민족/비주류문학이라는 관점을 천착한 역작『아시아라는 거울─극동의 근대アジアという鏡─極東の近代』,『남양·가라후토의 일본문학南洋·樺太の日本文学』,『만주붕괴─대동아문학과 작가들満洲崩壊─「大東亜文学」と作家たち』등은 특별했습니다. 교수님께서는 고전문학을 비롯해 나쓰메 소세키夏目漱石, 무라카미 하루키村上春樹 등 많은 일본 근현대 작가와 문학을 비평해 오셨는데, 역시 제게는 동아시아적 관점의 비평이 눈에 띕니다. 먼저 교수님께서 문학비평을 하시게 된 동기와 특별히 동아시아/소수민족/주변문학에 관심을 갖게 된 계기가 있었는지 궁금합니다.

가와무라 미나토　사실 저는 일본문학 평론가로 데뷔를 했습니다.『군상群像』이라는 문예잡지에서 평론부문이 있는데, 그 신인상우수작을 당시 집필한「이상한 것을 둘러싸고─쓰레즈레구사론異様なるものをめぐって─徒然草論」이라는 글로 수상했습니다. 뭐랄까, 그것이 문학의 세계로 들어서는 계기였어요. 일본의 겐코 법사가 쓴『쓰레즈레구사徒然草』라는 고전문학입니다만, 그것을 쓰게 된 동기는 텍스트를 읽고 재미있다는 생각에 써보기로 했던 거지요. 지금 생각해 보면, 그 무렵 일본문학의 평론가로 데뷔하는 사람들 중에 고전문학을 대상으로 비평가가 된 경우는, 아마 나 정도밖에 없

었어요. 물론 고바야시 히데오小林秀雄라든가 일본의 개인문학을 비평의 대상으로 삼는 평론가는 있었지만. 처음부터 전통 고전문학인『쓰레즈레구사』라든가『겐지 이야기』 같은 텍스트를 대상으로 하는 평론가는 없었으니까요. 뭐라고 할까, 그래서 좀 특별했다고 여겼던 것인지, 그때부터 많은 잡지에서도 평론을 쓰게 되었습니다.

물론 현대문학의 문예 잡지, 일본 문단이니까 고전문학만 논한 것은 아니고, 그야말로 당시 신인이었던 무라카미 하루키라든가 말이죠. 이런 신인 소설가와 작품에 대한 서평 평론 등. 고전문학과 현대문학을 양립해 써가면서 문학평론가로서의 커리어를 쌓아왔다고 생각합니다.

결국『쓰레즈레구사』라는 것을 소재로 한 것도, 제가 홋카이도 출신이잖아요. 저는 지금 홋카이도 삿포로札幌에 있고 이렇게 집에서 여러분들과 만나고 있습니다만, 지금 창밖을 내다보면 엄청나게 눈이 덮여있단 말

홋카이도의 겨울 풍경

이지요. 바깥세계를 보여드리고 싶은데요. 여기 집에서 나갈 때는 눈이 많아 나갈 수 없는 정도입니다. 열심히 문을 밀어 젖히고, 눈을 헤치고, 삽으로 눈을 치우고 길을 내야 나갑니다. 일단 큰길은 제설기가 와서 처리해 줍니다만, 눈이 많이 내릴 땐 어쩔 도리 없이 눈에 파묻힌 꼴이 됩니다. 지금 또 눈이 내리기 시작했네요. 하늘이 맑았었는데. 아마도 바깥은 영하10도 정도 될 겁니다.

김환기 위도상으로는 홋카이도가 극동의 블라디보스톡과 같으니까요. 한겨울에는 영하의 날씨가 보통일 테니 삿포로에 눈보라가 몰아치면 정말 춥겠어요. 교수님께서 왜 그렇게 추위를 싫어하시는지 알 것 같습니다.

가와무라 미나토 아마 오키나와 지역은 한겨울인 지금도 영상10도나 20도 정도로, 일본열도는 남쪽과 북쪽의 자연환경/풍경이 전혀 다르지 않습니까. 그러니까 제게는 일본의 고전을 읽는 것, 즉 교토京都나 나라奈良의 풍경이라는 것이, 홋카이도에서 보면 다른 나라, 이국적인 것으로 보이기 마련이지요. 반대로 말하자면 혼슈本州 사람들이 홋카이도에 오면 "여기가 일본이 맞나!"할 정도로 다른 풍경이 있습니다.

홋카이도와 동북 사이에 '블래키스턴선Blakiston線'이라는 것이 있는데요. 쓰가루津軽 해협이 있는데 그것을 '블래키스턴선'이라고 합니다. 블래키스턴이라는 사람이 때마침 홋카이도와 혼슈 사이에는 생물/식물의 분포가

글로벌 리더가 말하는 한국

다르다는 것을 발견하고, 그것을 '블래키스턴선'이라고 명명했습니다. 예를 들어 혼슈에는 멧돼지가 있지만, 홋카이도에는 없습니다. 홋카이도에는 불곰이 있습니다만, 혼슈에는 없어요. 홋카이도에는 우는 토끼가 있지만 혼슈에는 없지요. 기본적으로 일본 원숭이도 홋카이도에는 없습니다. 이런 식으로 생물들이 쓰가루 해협을 경계로 완전히 나뉘어져 분포합니다. 식물도 그렇고. 대나무 같은 것도 극히 일부 하코다테函館 쪽에 조금 있을 정도이고 기본적으로는 없습니다.

저는 아바시리網走라는 곳에서 태어나 가장 북쪽의 왓카나이稚內에서 자랐습니다. 즉, 대나무숲의 풍경이라든가, 기와지붕의 풍경, 논밭이 펼쳐진 풍경을 본 적이 없었어요. 홋카이도에도 쌀은 납니다만 아바시리나 왓카나이에는 쌀이 나질 않습니다. 당연히 그런 풍경이 없는 거죠. 따라서 제게 일본 고전의 풍경이라는 것은 오히려 외국과도 같은 이국적인exotic 것입니다. 오히려 그런 엑스티시즘exoticism, 그러한 일본의 교토를 비롯해 나라奈良, 시코쿠四国, 혼슈도 마찬가지로 그 풍경과 인물들, 사회와 문화를 이국적으로 보여지게 하는 것들, 거기에 매우 관심/호기심을 갖게 되면서 평론을 시작했다, 이렇게 생각합니다.

김환기 역시 그러셨군요. 일본의 많은 문학평론을 접하면서도, 어딘가 가와무라 교수님의 비평 시좌는 색다르다는 느낌을 많이 받았거든요. 말하자면 교수님의 비평에는 지배자/중심에서 피지배자/주변으로의 시선이 아닌 자연스럽게 양방향으로 변주되는 월경의식과 트랜스네이션이 녹아 있다고 생각합니다.

가와무라 미나토 그렇게 고향인 홋카이도와는 다른 이국적인 풍경/현상을 계속 쫓아가게 되면서, 결국 일본의 고전문학을 읽는 것과 한국이나 중국에서 그곳의 문학을 읽는다는 것, 저에게는 그것도 똑같이 외국적인 것, 이문화적인 것으로서 흥미로웠고, 굉장히 재미있다는 생각을 하게 되었습니다. 무엇보다도 홋카이도는 추운 곳이기 때문에 따뜻한 곳에 대한 동경도 있었습니다. 그것이, 오키나와沖繩나 아마미奄美에 대한 흥미로 이어지기도 했고, 김환기 교수와 함께 남미지역에 간 것도, 따뜻한 남쪽으로 가고 싶다고 하는, 그런 사고라고 할까, 되돌아보면 그런 이국적 지향성이 내면에 있었다고 생각합니다. 억지일지도 모르겠습니다만.

그러니까 제가 처음 한국에 갔을 때도, 부산 동아대학교에서 일본어 선생님으로 초대를 받아서 갔었는데, 그 당시에는 한국이라는 곳이 일본보다 따뜻할 것이라고 착각했던 부분도 있어요. 부산이니까 따뜻한 곳으로 간다고 생각해 이불 같은 것도 챙기지 않았었거든요. 그런데 웬만한 홋카이도보다 부산지역이 춥다는 걸 나중에 알았고, 이건 실수였다고 생각했던 겁니다. 그런데 분명한 것은 한국의 추위라는 것이 홋카이도의 설국雪國 추위와는 또 달라요. 대륙적인 건조함이 있거든요. 그런데 대부분은 홋카이도와 비슷하기 때문에 한국의 풍토/기후라고나 할까, 그것은 홋카이도와 비슷해 좋았습니다. 제게는 오히려 부산이 잘 맞다고 생각했지요. 사실 혼슈의 도쿄나 교토의 습도가 높은 지역, 그 끈적끈적한 더위라든가 축축한 추위 같은 것을 제일 싫어하거든요.

그래서 홋카이도와 한국 같은 곳은요, 오히려 기후적으로는 제 피부에 딱 맞다고 생각합니다. 저는 곧 생일을 맞는데 2월 23일이거든요. 한겨울에 눈 속에서, 그렇다고 딱히 눈구덩이에서 태어난 것은 아니지만, 하하핫–. 한창 눈이 많이 쌓일 때 태어나서, 역시 기후적으로도 대륙적인 좀 건조하고 늘늘한 느낌이 좋습니다. 그게 홋카이도의 특징이기도 하지만, 그런 한국과 중국 같은 곳에 관심을 갖는 건 당연한 것 아닌가요. 몽골은 너무 추워, 별로 공감이 안됩니다만 하하핫–.

김환기 아카데믹하고 고상한 뭔가 결정적인 말씀을 기대했는데, 추운 고향땅 홋카이도를 탈출해 따뜻한 곳을 찾아서, 하하핫! 결국 그렇게 홋카이도를 탈출해 혼슈로, 한국과 중국으로, 멀리 남미대륙까지 세계를 무대로 연구영역을 확장하셨던 것이네요. 몽골이나 사할린, 북방의 러시아 모스크바 등지가 추워서 싫었던 것이구요. 하하핫!

가와무라 미나토 추운 곳은 정말 싫어요. 그동안 세계 곳곳을 다녔는데 역시 가장 좋았던 곳은 파라과이였지요. 볼리비아의 산후안San Juan과 멕시코의 보고타Bogota, 브라질 상파울루Sao Paulo, 칠레의 발파라이소Valparaíso

도 좋았지만, 역시 원시림이 우거진 이과수Iguacu 지역의 별빛 쏟아지는 파라과이가 좋더라구요. 퇴직하면 파라과이에서 여생을 보낼까도 생각했는데 결국 실현하지 못하고 홋카이도로 돌아온 셈입니다. 돌고 돌아서 결국 고향으로.

김환기   생각납니다. 파라과이 이과수 근처의 밀림 속 일본계 이민자의 민박집에서 하룻밤을 보내는데, 그날 밤, 하늘에서 징그럽게 쏟아지는 별들을 보며 어린 시절 홋카이도를 떠올리시며, 퇴직하시면 이곳 파라과이 이과수 근처로 이민을 와야겠다고 하셨지요. 2017년 캐나다 토론토Toronto에 한국계 이민자들의 문학을 조사하다가 소설가 강기영 씨를 만났습니다. 그는 파라과이에서 20년간 이민생활을 하고 토론토로 재이민을 온 경우인데, 소설 「난듀띠」로 해외동포문학상대상을 받으신 분이지요. 소설에서 달빛 속 영롱한 악어떼짜까레, jacaré의 눈방울을 '달', '별', '구슬'로 표현했었는데[1] 파라과이는 밀림지대로 정말 천연빛 그대로였다고 생각합니다. 갑자기 파라과이의 별빛을 말씀하시니까, 그곳 이과수 지역 원시림을

---

1   "달은 수많은 파편으로 부서져 수면에 떠 반짝였다. 호수와 육지가 만나는 물가에는 키 작은 갈대가 떼를 이루고 있었다. 그 갈대 주변으로 보석처럼 빛나는 영롱한 빛을 발하는 구슬들이 수많은 별처럼 깔려있었다. 그 구슬들은 고르지 못한 노면 때문에 헤드라이트가 춤추듯 수면을 훑으면 쏴르르 무너져 내렸다. 그건 별이 아니고 구슬이 아니라. 다 자라도 팔뚝만한 악어인 짜까레의 눈에서 반사되는 눈빛이었다. 마치 잘 익은 석류알이 빠져나가듯 짜까레의 눈빛은 헤드라이트 불빛을 따라 물결을 이루며 가라앉았다."(강기영의 소설 「난듀띠」에서)

└ㆍ남미 브라질 「이과수」폭포   남미 페루 「마추픽츄」ㆍ┘

지배했을 악어떼와 재규어, 아나콘다와 호로의 야성미가 평화롭게 치환되는 느낌입니다.

화제를 좀 바꿔서, 교수님께서는 호세이法政 대학 교수로 부임하시기 전, 부산의 동아대에서 교편을 잡지 않으셨습니까. 임진왜란과 일제강점기도 그랬지만, 지리적으로 일본과 가까워 접촉이 많을 수밖에 없었던 부산지역에서의 경험이 선생님의 동아시아적 시각과 한국문학계와의 인연을 자연스럽게 넓힐 수 있는 계기로 작용했을 것이라 생각합니다. 그리고 일본으로 귀국하신 후에도 한국문학계와의 특별한 인연을 이어가셨는데요. 특히 원로 소설가 박경리를 비롯해 소설가 이문열, 황석영, 조정래, 고은, 신경숙 등과 교류하셨습니다. 그야말로 자타공인 이들은 한국문학계의 거장들입니다. 이렇게 한일문학계의 교류 플랜에 참가하게 된 특별한 계기가 있었는지, 구체적으로 어떤 분들과 무슨 교류를 하셨는지 궁금합니다. 한국의 분단문학을 포함한 대하소설과 대표 작가들의 문학적 성과를 일본문학 평론가로서 어떻게 평가하시는지도 여쭙고 싶습니다.

가와무라 미나토　제가 한국 문학자를 만나게 된 계기라 하면, 지금 좀 기억이 잘 안 나는데요. 부산 동아대학교에 있을 땐, 뭐랄까 특별히 그런 사람들을 잘 알지는 못했습니다. 생각해 보면, 일본에서 문예평론을 쓰면서 재일 소설가들과 만나고 있었다는 게 컸던 것 같습니다.

직접적인 계기는 김학영金鶴泳 선생과 알게 되어 한두 번 그분 집에 놀러 가거나 한 적이 있었는데요. 그분이 돌아가신 뒤, 서울에서 한국의 작가들이 김학영 추모회 같은 것을 한다더라고요. 김학영 선생 사모님, 아드님, 따님도 오셔서 그렇게 한다고 하더군요. 그때는 부산에 있었으니까 그 소식을 접하고 서울까지 가서 작가들을 만나 인사를 나누었는데, 아마 김학영을 추모하는 모임 『얼어붙는 입』의 출판기념회였던 것 같습니다.

그때 한국의 작가들이 많이 왔었는데, 실례지만 그때 누가 왔었는지 대부분 잊어버렸습니다만……. 한 사람 기억하고 있는 건 몸이 탄탄한 노동자… 노동자랄까, 별로 인텔리나 그런 느낌은 들지 않는 몸이 탄탄한 군인 같기도 하고, 노동자 같은 사람이 있었는데요. 굉장히 상냥하게 말을 걸어온 사람이 있었어요. 그때나 지금이나 한국어를 못알아 듣기는 마찬가진데 "저는 누구누구입니다"라며 그쪽에서 말을 걸어왔는데 그것조차도 못알아 들었어요. 제 옆에 있던 사람이 "이쪽은 가와무라야." "일본에서 문예평론을 하고 있어." "나카가미 켄지中上健次와도 잘 아는 사이야"라는 식으로 소개를 해줬어요. 그랬더니 그 사람은 술을 마시며 저에게 술술 말을 걸어오는 거예요. 아니, 이쪽은 못알아 듣는데…라고 생각하는데도. 그쪽은 내가 알아 듣든 못알아 듣던 상관하지 않고 , 의견인지 감상인지 연설인지 모르겠습니다만, 그렇게 계속해 말을 했지요. 저는 정말로 곤란했지만, 뭐 다 알았다는 듯이 응응하고 고개를 끄덕이고 있었지요, 하하핫! 결국 마지막까지 그는 제가 100% 모르고 있다는 걸 모른 채, 아니면 게의치 않는다는 식으로 무시하고 얘기한 것 같단 느낌이었습니다.

그게 이문열 씨를 처음 만났을 때였습니다. 그후 이문열 씨를 만났을 때는 조금 이야기를 할 수 있었고, 그와 함께 술을 마시곤 했었는데요. 그게 처음이었죠. 한국 작가 중에 이문열 씨를 처음 만난 건 아니지만, 역시 인상 깊었던 건 이렇게 몸이 탄탄한, 정말로 복싱선수인 듯한 사람이 작가였구나, 그것도 유명한 베스트셀러 작가라는 걸 알고 놀랐던 적이 있었지요.

저는 오히려 친일문학으로 불리는 일제시대에 일본어로 쓰여진 작품들을 금방 읽을 수 있고, 다행히 동아대학교 도서관에는 오래된 글이나 평론, 잡지, 경성에서 나온 일본어로 된 한국인 문학가의 소설도 조금 있었습니다. 이른바 식민지 문학인데요. 그걸 읽다가 어떻게 이런 작품이 나왔을까? 왜 그들은 굳이 이런 문학을 썼을까? 궁금했습니다. 반드시 일본의 통치나 조선총독부에 대한 협력이나 굴종, 그런 것만은 아니지 않나, 따로 쓰고 싶은 것이 있지만 좀처럼 그걸 쓸 수 없어, 그런 형태가 되지 않았나, 하는 나름의 이유가 있다고 생각했거든요. 그걸 확인하기 위해서는 그들이 일제시대에는 이런 걸 썼고, 나중에 이런 걸 썼다는 것인데, 그것을 비교해 보면 좋을 것 같다고 생각했어요.

김사량이라면 김사량이 일본에서 일본어로 쓴 소설, 그리고 해방 직전에 쓴 것, 또 북한에 가서 쓴 것, 그것을 나란히 놓고 살펴보는 겁니다. 그러면 사실 그의 문학적 사고방식은, 표면적으로는 일본 제국주의에 대한 협력과 굴종이지만, 거기에서 벗어나선 북한 만세, 인민 나라의 김사량이라는 두 얼굴이, 사실 당연하지만 그렇게 다른 얼굴은 아닌 것 같습니다. 그를 관통하는 것에는 역시 김사량의 민족이랄까 민족주의, 좋은 의미로 민족주의라는 것이, 거기에는 잘 관철되어 있습니다. 장혁주도 결국 일본으로 귀화했지만, 귀화한 후에도 역시 일종의 내셔널리즘이라고 해야 할까, 좋은 의미의 내셔널리즘이 그의 문학 내면에 이어지고 있어요. 그것은 한국의 전후

『가교로서의 문학』
(호세이대학 출판국, 2022)

문학에 자유로워져서 많이 쓰게 된 것이지요.

박경리의 『토지』, 조정래의 『태백산맥』, 황석영의 『무기의 그늘』 등에 쓰여져 있는, 해방 후의 경우에는 남과 북이라는 분단시대의 문제가 있으니까, 지나치게 이데올로기와 마주해야 할 수도 있는 것이지요. 그러한 일본의 식민지배 체제에서 식민지주의와 싸우면서 쓴 것, 그리고 지금의 남북분단 속에서 그런 이데올로기와는 별개의 형태로 쓰고 있는 것, 이호철 씨의 소설 등이 그런 것 같습니다. 북에서 남으로 월남해 왔는데, 남한에서 북한에서 온 사람들, 국내 디아스포라죠, 그런 사람들이 어떤 고생과 어떤 희망을 안고 문학을 해 왔는가, 하는 것은 이호철 씨의 소설 등에는 쓰여져 있을 거라 생각합니다. 그것은 정치적으로 운운하기보다는 정치를 대하는 개인적인 문제로서, 정치의 힘에 대항하는 문학이 현대 한국에

서는 쓰여지고 있고, 지금은 젊은 여성작가들의 작품이 일본에 소개되고 있는 것과 같은 형태로 이어지고 있는 것이 아닌가 하는 느낌입니다.

당연한 이야기지만, 한강 씨와 아버지한승원는 부녀 관계이고, 저도 가까이 지내던 쓰시마 유코津島佑子 씨가 아버지인 다자이 오사무太宰治에 대한 말을 듣기 싫어했습니다. 역시 아버지가 소설가이고 자신도 소설가라서, 여러 가지로 비교되거나 영향을 받았지요, 라고 한다든가, 아버지처럼 되고 싶습니까, 라는 식의 이야기를 몇 번씩 듣는 것은 싫었다고 합니다. 하지만 나이가 들수록 아버지를 똑 닮은 것 같아요. 가끔씩 같이 술을 마시고 있을 때, 다자이 오사무는 이런 사람이었지라는 느낌도 있어서, 영향을 받았다 안받았다라고 하기보다는 영향을 받지 않으려는 영향이라고나 할까. 그런 테마의 소설이라는 것이 있을 거라고 생각합니다.

한강 씨도 아버지 한승원 씨의 영향을 받지 않으려고 했으면서도, 사실은 거기에 뭔가 있을 거라고 봅니다. 혈연만의 문제가 아니라, 그런 자신의 선인先人들의 작품에 나중 사람들은 영향을 받는다고 할까, 받아들이면서 쓰고 있다고 생각하는 거죠. 그래서 완전히 단절된 지점이 있는 건 아닙니다. 그것은 일본이나 한국이나 마찬가지라고 생각합니다. 어쨌거나 그런 제대로 된 영향 관계, 테마라든가 표면적인 것만이 아니라, 정신사적 측면을 제대로 그려낸 문학사, 혹은 비교문학사가 쓰여져야 하지 않을까, 라고 저는 생각합니다.

『태백산맥』(ホーム社, 2000)

김환기 교수님께서는 조정래의 장편소설 『태백산맥』 일본어판의 감수를 맡기도 하셨습니다. 저는 김석범의 대하소설 『화산도』를 한국어로 번역 출간한 경험이 있습니다만, 거의 8년에 걸쳐 번역을 했습니다. 솔직히 중간에 번역을 포기한 적이 있었는데 정말 힘들었습니다. 『태백산맥』 일본 어판은 몇 해 전 애석하게도 작고하신 사모님아코 상이 번역에 참여하시기도 해서, 교수님께는 더욱 특별한 작품으로 기억될 것이라고 생각하는데요. 『태백산맥』 번역에 얽힌 이야기를 좀 들려주시겠습니까. 정말로 엄청난 시간과 노력, 특히 소설 속의 한국적 요소들, 즉 전라도 사투리를 비롯해 각종 민족적 정서, 가치/이미지 등, 한반도의 문화지리에 대한 특별한 이해 없이는 번역이 어려웠을 테니까요. 물론 다른 공동번역자도 있지만, 일본어판 『태백산맥』은 교수님과 사모님의 공동작업이지 않습니까. 그리고 『태백산맥』을 비롯해 한국 소설이 일본문학계에 어떻게 읽히고 있고,

앞으로 어떻게 읽힐 것으로 예상하는지도 궁금합니다.

가와무라 미나토 『태백산맥』 번역의 계기는 말이죠, 출판사인 슈에이샤集英社가 번역서를 내보자며 기획한 것이었습니다. 한국에서 베스트셀러로 팔렸고 팔리고 있으니까, 일본에서도 팔리지 않을까 해서 슈에이샤가 눈여겨보다가 판권을 사와 번역할 사람을 찾고 있었지요. 그 무렵은 좀처럼 일본에서 한국어를 번역하는, 게다가 그렇게 긴 10권짜리를 번역한다는 것은 힘든 일이라 좀처럼 번역자를 찾지 못했어요. 그래서 슈에이샤에서 문학평론가 안우식 씨 등에게도 이야기가 했는데, 너무 길기도 하고, 마침 안우식 씨는 박경리의 『토지』를 번역하고 있었으니까 도저히 그런 대장편 두 개를 동시에 번역할 수가 없었던 거지요. 그래서 슈에이샤가 곤란해하고 있었는데, 당시에 슈에이샤에는 제가 아는 사람이 있었어요. 그런데 하루는 그가 『태백산맥』을 번역할 사람을 소개해 주면 안되겠냐며 저를 찾아왔습니다.

그래서 윤학준 씨에게 지금 상황이 이렇다는데 어떻게 할까요? 라고 했더니, 윤학준 씨도 "아니, 10권이나 혼자 번역하다니 무리야"라고 했지요. 마침 그 무렵 윤학준 씨 주변이라고 하기에는 좀 그렇지만, 한국어문학을 공부하는, 한국어를 공부하자는 여성들 그룹이 있었어요. 그게 각자들 따로 하고 있었는데, 그럼 좋은 기회니까 윤학준 씨를 중심으로 『태백산맥』 번역그룹을 만들어 다 같이 공부할 겸 해보자며 시작된 거죠. 매달

한 번, 그야말로 매주 한 번씩 모이고, 일 년에 두 번은 조정래 씨 등의 안내를 받아 한국/서울 여행 가기. 신년회도 하고 송년회도 하고. 뭐 그런 그룹을 만들어 시작을 했던 것이 계기지요.

거기에 제 아내아코상도 참가하였고, 저도 소개 역할을 했기 때문에 번역자로 이름을 올리는 것은 이상하고, 소위 감수라는 것을 윤학준 씨가 해달라고 해서, 그러니까 저는, 일본어로 된 번역문을, 뭐라고 할까… 뭐, 현장 감독처럼 하면 된다고 해서, 함께 하게 되었던 겁니다. 그렇게 간신히 7년 정도 걸려 번역을 했는데 슈에이샤로부터 정식 번역료는 아니지만, 번역 그룹의 모임이 있을 때마다 용돈음식/술값을 지원받으며 즐겁게 작업을 했습니다.

김환기 네, 『태백산맥』 번역은 정말 특별한 열정이 필요했을 것이라고 봅니다. 그 밖에도 교수님께서는 한국문학을 비롯해 남북한의 영화 등 많은 부분에서 한일문학계를 중심으로 교류플랜을 가동하셨는데요. 특히 한국과 일본을 오가며 1992년부터 2002년까지 총6회에 걸쳐 진행되었던 〈한일작가회의〉는 교수님께서 주도하셨다고 알고 있습니다. 10년 동안 이어갔던 〈한일작가회의〉과 그 연장선에서 새롭게 출범한 〈동아시아문학포럼〉에 대해 한 말씀 부탁드립니다.

가와무라 미나토 1992년에는 도쿄, 1993년에는 제주도, 1995년에는 시마

네島根현의 마쓰에松江, 1997년에는 경주, 2000년에는 아오모리青森, 2002
년에는 원주에서 〈한일작가회의〉가 열렸습니다. 한국 측에서는 〈한일작
가회의〉라 칭했고, 일본 측에서는 〈일한문학심포지엄〉이라 했지요. 제1
회 때는 저와 안우식, 구리하라 유키오栗原幸夫, 세키카와 나쓰오関川夏央 네
명이 위원회를 조직하였고, 안우식 선생이 위원장을 맡았습니다. 이 회
의가 시작된 건 안우식 선생의 힘이 컸지요. 안우식 선생의 생각에 찬동
한 일본 측과 한국 측 인사들이 도쿄 신주쿠의 레스토랑에서 식사 모임을
갖게 됐는데, 그때 참가했던 게 일본 측에서는 저와 나카가미 겐지中上健
次, 시마다 마사히코島田雅彦, 소노다 게이코園田恵子였고, 한국 측에서는 평
론가이자 문학과지성사 사장이기도 한 문학평론가 김병익을 중심으로 한
작가와 시인들이었습니다.

그때 나카가미 겐지가 아시아 문학자들과 한층 더 깊은 교류가 필요하
다고 역설했고, 우선 한국에서 시작하자는 쪽으로 의견이 모였지요. 그걸
구체화시켜 시작된 게 바로 그 〈한일작가회의〉였어요. 나카가미 겐지는
안타깝게도 그해 8월에 세상을 뜨는 바람에 참가하지 못했지만, 같은 대
학 동료였던 가라타니 고진柄谷行人에게 참가를 요청했습니다. 가라타니는
나카가미와 막역한 사이였거든요. 이 회의는 가라타니가 한국에 알려지
게 되는 계기가 되기도 했습니다. 참고로 어떤 이들이 참가했는지 말씀드
리자면, 제2회 때부터 나카자와 게이中沢けい, 쓰시마 유코津島佑子, 후지이
사다카즈藤井貞和 등이 참가했고, 그 이후에 가가 오토히코加賀乙彦, 이와하

시 구니에岩橋邦枝, 유미리, 리비 히데오 등이 참가했습니다. 한국 측에서는 이문열, 임철우, 이청준, 김주영, 신경숙, 홍연선, 복거일, 김원우, 서하진, 김영하, 은희경, 황시우 등이 참가했습니다.

〈동아시아문학포럼〉에도 제가 주체적으로 참가했었는데, 그 포럼은 〈한일작가회의〉를 발전적으로 계승한 것이라 할 수 있어요. 일단 〈한일작가회의〉를 청산하고 〈동아시아문학포럼〉을 발족시켰습니다. 주최자 측인 저로서는 우선 '회의'를 반성하고 새로이 '포럼'을 가동시키고자 했습니다. 한일 양국에만 머물지 말고, 중국도 넣자는 것이었어요. 점차적으로 베트남, 북한 등의 참가도 시야에 넣자는 생각이 컸기 때문에 '동아시아'라고 했던 거지요. 물론 성공은 하지 못했지만 말이에요.

〈한일작가회의〉든 〈동아시아문학포럼〉이든, 기본적으로는 서로가 서로의 문학에 대해 모른다고 하는 지점에서 출발합니다. 한국과 일본에 한해서 말씀드리자면, 한국과 일본 문화인들의 교류는 1970년대 김지하 석방운동에서 시작되지만, 그건 양국의 작은 차이와 어긋남 같은 것들을 무시한 그저 큰 틀에서의 정치와 사상만을 테마로 한 것이었어요. 물론 그런 연대와 해방을 사상적으로 일치시키기 위한 교류도 중요하지요. 다만 그런 것과는 다른 차원의 테마를 논하는 문학교류가 가능하다고 생각했어요. 개인의 독립성이나 사회와 관계성, 연애와 가족, 나와 민족 그리고 언어 같은 테마들이지요. 〈한일작가회의〉를 통해서 상호간의 차이와 어긋남을 객관적으로 논하는 데 있어서 제3자의 시선이 매우 중요하다는 걸 깨달았고, 그렇기 때문에 중국을 포함한 〈동아시아문학포럼〉을 발족시켰던 겁니다.

〈동아시아문학포럼〉은 2008년, 2010년, 2015년, 2018년 이렇게 총4회가 열렸는데, 저는 이 포럼에 제3회까지 관여했지만, 제4회 때는 건강상의 문제로 참석하지 못했습니다. 앞으로도 어렵겠지요. 김환기 교수와 지금 화면에 보이시는 여러분들이 그간 〈한일작가회의〉와 〈동아시아문학포럼〉에 참가했던 소설가, 시인, 평론가 등 양국 문화인들의 뜻을 이어가 주시면 좋겠습니다.

김환기 그야말로 한일문학계를 대표하는 작가들인데요, 중간에 공백도 있었지만, 약 20년 넘게 한일문학가들이 '어긋남'과 '차이'를 확인하며 발전적인 교류를 모색했던 의미있는 교류플랜이었다고 생각합니다. 물론 현재도 〈한일문학심포지엄〉의 영향을 받고 출범한 〈중일여성작가회의〉베이징, 〈일본/대만문학 심포지엄〉타이페이, 〈일본/인도문학 카라반〉델리도 있으니까, 그야말로 한 국가/민족에 머물지 않고 경계를 넘어 동아시아적 시좌를 보여주신 교수님의 덕이라고 생각합니다.

개인적으로 2010년에는 호세이 대학에서 특별연구원 신분으로 연구년을 보냈습니다. 일주일에 한 번씩 교수님의 세미나에 참가해 국적이 다른 원생들과 수업을 했고, 토론이 끝나면 가쿠라자카神樂坂의 할머니가 손수 요리하는 이자카야에서 맥주를 마시며, 늦게까지 토론을 이어가곤 했었습니다. 그러던 중 어느날, 교수님께서 갑자기 브라질로 일본계/한국계 이민문학 조사를 가지 않겠느냐고 제안하셨지요. 저로서는 매스컴에서나 접했던 남미를 직접 가보자는 말씀에 적잖이 놀랐습니다. 일본과 중국 정도에서 맴돌던 저의 학문적 시좌로는 브라질이라는 시공간이 너무도 생경하게 와닿았고, 그저 지구 반대편의 상상의 공간이었을 뿐이었는데, 정말이지 이국의 정취를 제대로 맛볼 수 있었습니다. 교수님과 모리야守屋 씨, 그리고 저, 세 명은 그렇게 2010년 8월 한여름, 예상치 못했던 남미를 뉴욕을 거쳐 브라질 상파울루로 들어갔습니다.

제일 먼저 브라질 상파울루의 일본인촌 리베르다지Liberdade에서 일본계 이민자가 운영하던 호텔에 여장을 풀고 조사 겸 여행을 시작했는데요. 1903년 첫 일본인 이민자들이 도착했던 산토스Santos 항을 비롯해 리우데 자네이루Rio de Janeiro, 브라질리아Brasília, 아마존의 마나우스Manaus까지 비행기로 여행을 하며, 이민문학 관련 조사를 이어갔지 않습니까. 정말이지 문화충격이라는 것이 이런 것임을 제대로 실감했습니다. 솔직히 그 남미여행을 계기로 저의 학문적 시선은 동아시아를 넘어 지구촌으로 확장되었습니다. 교수님은 그때 왜, 남미지역브라질, 아르헨티나, 페루 등으로 이민문학 조사를 기획하신 것인지 지금도 궁금합니다.

가와무라 미나토　처음부터 남미에 가기로 정해져 있던 건 아니고, 역시 한국, 중국, 특히 오래된 만주문학을 하다 보니 이민의 문제라는 것이 큰 주

『하포네즈 이민촌 이야기』
(임팩트출판회, 2019)

제로 나온 거죠. 이민이라는 것은 일본에서 한반도 쪽으로 농업이민, 만주로 개척이민으로 가는 케이스도 있고, 장혁주처럼 조선에서 만주 쪽으로 이민을 가는 경우도 있습니다. 그곳에서 현지 중국인 농민들과 트러블을 빚어 '만보산萬寶山'같은 사건이 벌어지기도 하잖아요. 반대로 한반도에서 일본으로 이민이라는 형태로, 혹은 강제 연행이라는 형태로, 홋카이도나 가바타, 사할린 등지로 탄광 노동자로 오기도 하고, 다양한 형태의 이민이라는 것이 존재했습니다. 일본 이민의 시작은 와카야마和歌山나 오카야마岡山에서 하와이로, 메이지 원년, 1868년에 제1탄이 하와이로 간 것입니다. 엄청나게 고생을 하면서 하와이에 잘 정착했습니다. 농업으로 성공해서, 지금의 하와이 주에서도 일본계는 상당히 많고, 사람 수뿐만 아니라 정치적으로나 문화적으로도 매우 힘을 갖고 있습니다.

　일본, 한국, 중국, 그 주변의 이민의 움직임을 보려고 미크로네시아나 Micronesia 가바타, 대만 등, 나는 여러 지역에 가는 걸 좋아하거든요. 단순히 놀러 가는 게 아니라 연구조사 여행이라고 집사람이나 아이들에게도 말하고, 아빠는 놀러 가는 게 아니야, 미크로네시아로 수영하러 가는 것도 아니고 바나나를 먹으러 가는 것도 아니다, 제대로 연구조사를 하러 간다는 아주 고매한 목적을 가지고 이곳저곳을 돌아다니고 있었습니다. 미크로네시아와 남양, 가바타와 한국은 물론 만주 등지를 돌았기 때문에, 다음에는 어디를 갈까 생각하는데 당장은 하와이, 그리고 좀 멀지만, 브라질과 아르헨티나 같은 곳 정도였습니다.

사실, 브라질이나 아르헨티나에 대한 흥미, 관심이 있어서 이민과는 별개로 가보고 싶다고도 생각했지요. 『엄마 찾아 삼천리』와 허드슨William Henry Hudson의 『녹색의 장원Green Mansions』 등을 읽으며 흥미를 갖고 있었고요. 제 학창시절에는 라틴아메리카 문학이 일본에서 유행해서, 뭐 한국에서도 유행했다고 생각합니다만, 가브리엘 가르시아 마르케스Gabriel García Márquez라든지, 마리오 바르가스 료사Mario Vargas Llosa라든지, 호르헤 루이스 보르헤스Jorge Luis Borges라든지, 그런 라틴아메리카 문학에 앞으로는 현대문학의 미래가 있다는 느낌도 들었습니다. 『백년의 고독One Hundred Years of Solitude』의 콜롬비아라든가, 보르헤스의 아르헨티나 부에노스아이레스Buenos Aires라든가, 둘러보고 싶은 마음도 있었습니다. 이민문학이라는 것이 머릿속에는 있었는데, 마침 호세이대학 쪽에서 연구비를 써야만 한다고 해서, 연구조사 여행 그룹을 짜게 되었던 거죠. 일본계 이민 문학이라고 해도 그것만으로는 연구자가 몇 안되기 때문에, 연구 테마로는 약하다는 생각도 들고, 그럼 한국계 이민을 포함하면 꽤 새로운 것이 될 거라고 생각했던 겁니다.

남미 아르헨티나의 파타고니아 얼음산 「깔라파타」

그래서 마침 김환기 씨가 일본에 있으니까 선생을 끌어들여 일본계/한국계 이민문학 연구라고 하면, 과제가 틀림없이 채택될 것이라고 생각했습니다. 큰 액수는 받지 못했지만, 그렇게 간신히 라틴지역의 연구조사를 시작할 수 있었던 거지요.

김환기 그러셨군요. 평소에 늘 궁금했습니다만, 사실 교수님께서는 일제강점기 일본 바깥에 형성된 일본어문학을 한국, 중국/만주, 대만, 동남아시아를 중심으로 줄곧 연구해 오셨기 때문에, 브라질의 일본계 이민문학을 연구조사하는 것은 어쩌면 너무도 당연하고 자연스러운 일입니다. 그런데 제 입장에서는 지구 반대편 여행이 멀기도 했지만 뜻밖의 영역이었거든요. 그렇게 가와무라 연구조사팀은 브라질 이민문학을 시작

글로벌 리더가 말하는 한국

으로 2017년까지 아르헨티나의 부에노스아이레스Buenos Aires, 파라과이의 아순시온Asunción/이과수Iguazú, 칠레의 산티아고Santiago/발파라이소Valparaíso, 볼리비아의 산타크루스SantaCruz, 페루의 리마Lima/쿠스코Cuzco, 콜롬비아의 칼리Cali/보고타Bogotá, 도미니카공화국의 다하본Dajabón, 미국의 로스엔젤레스/뉴욕/시카고, 캐나다의 벤쿠버/토론토, 멕시코의 멕시코시티를 돌며 한국계/일본계의 이민문학을 조사했지요.

개인적으로 브라질과 아르헨티나의 한국계 이민문학 조사를 마치고 『브라질 코리안 문학선집』보고사, 2013년과 『아르헨티나 코리안 문학선집』보고사, 2013년을 간행해, 상파울루와 부에노스아이레스에서 한인 문학가들과 함께 출판기념회를 가졌던 것도 잊지 못할 추억입니다. 교수님도 아르헨티나의 일본 정원에서 소설집 『과라니 숲 이야기グワラニーの森の物語』 출판기념회 겸 기자회견을 하셨는데요. 당시 출판기념회 자리에서 모리야 상은 감격해서 눈물도 제법 흘린 것으로 기억합니다. 교수님께서는 당시 북미와 남미 각국을 돌면서 진행했던 일본계/한국계 이민문학 조사를 어떻게 기억하고 계시는지, 또 그 작업의 현재적 의미는 무엇인지 궁금합니다.

가와무라 미나토 남미 지역을 연구 조사하면서 여러 가지 발견한 것은 있습니다. 지금까지 제가 가장 많이 해 온 것과 연계해 말해보면, 일본에도 만주 이민이라는 것이 있었는데, 만주에 일본 농업인을 100만명 보내는 계획이 있었고, 그것을 탁무성이나 대동아성이라는 관공서가 담당했거든요. 남미에 가보니까 도미니카와, 콜롬비아, 페루도 그렇지만, 전후戰後에 남미 이민을 추진한 사람들이 사실은 겹친다는 걸 알았어요.

즉, 만주 이민의 마지막 일본 농민들은, 좀 심한 일이지만, 그걸 선도한 사람들과 전후에 남미 이민을 선도한 사람들이 바로 같은 사람들이거든요. 탁무성이나 대동아성에서 하던 사람들이 전후에 농림성의 관리가 되어, 그 사람들이 일본정부를 잘 구슬려서 농민들을 척박한 땅, 작물이 자라지 않는 토지로 데려갔습니다. 도미니카에서는 기민棄民이 문제가 되지 않았습니까, 나중에 국가에서 보상을 해주긴 했지만. 그러한 지독한 이민 정책이라는 것이, 사실은 일본에서 전전戰前과 전후에 똑같은 사람이 똑같은 실패를 거듭하고 있었거든요. 그것만 보더라도 이민정책이란 것이 연결돼 있었고, 전전과 전후, 전쟁을 사이에 두고도 전혀 달라지지 않았다, 한반도에 일본 농업인이 가서 땅을 빼앗고, 빼앗긴 농민들은 어쩔 수 없이 만주/간도 쪽으로 갔다가 그곳에서 중국인 농민들과 충돌하지 않습니까. 〈만보산사건〉처럼.

지금도 중국에 조선족이 많이 있지만, 기본적으로는 일본제국주의의 침략에 의해 연쇄적으로 쫓겨난 사람들이, 일부는 일본으로 건너오고, 일부는 간도/만주 쪽으로 건너갔던 것이지요. 그 내용을 다룬 작품 중에『둘도 없는 태양 아래二つなき太陽のもとに』등과 같은 장편소설이 있는데, 일본 문학만의 문제도 한국 문학만의 문제도 아닌 거죠.『북간도』를 쓴 안수길이나 그런 사람들의 문학에도 영향을 끼쳤고, 일본이나 한국 측에서뿐만

글로벌 리더가 말하는 한국

아니라, 그리고 중국 측에서만도 아니기 때문에 좀더 봐야 하지 않을까, 그렇게 생각했습니다. 그래서 남미에도 일본인의 이민 문학, 한국계 이민 상황이 어떻게 전개되고 있는 걸까, 그런 비교와 대조를 해보면, 비로소 보이는 것이 있지 않을까 생각했던 겁니다. 나중에 서류과제를 제출하기 위해 생각한 것이기도 하지만, 결과적으로 내 안에는 스토리가 제대로 있다고 생각했고, 이제는 그것을 납득하고 있습니다.

김환기　콜롬비아 칼리에서 만난 일본계 이민자 한 분이 일제강점기 북한의 원산 근처에 살다 패전과 함께 일본으로 귀환했고, 곧이어 콜롬비아로 이주해 왔다고 했습니다. 한반도에서 일본으로 귀환하는 선상에서 알게 된 네덜란드인의 소개로 콜롬비아에서 튤립 종류의 꽃 농장을 운영하게 되었다고 했지요. 그 노년의 일본인은 일제강점기 원산에서 살았을 때의 사진을 보여주며, 당시를 회상하며 저희 일행을 반겨주었습니다. 그 날 밤 저택의 철창문을 굳게 닫고, 일본인 이민자들1세/2세과 가라오케 대회를 열었는데, 그때 교수님께서「임진강2」을 부르셨지요. 영화『박치기』

---

2 〈ザ・フォーク・クルセダーズ イムジン河〉
　イムジン河水清く
　とうとうと流る
　水鳥自由にむらがり飛びかうよ
　我が祖国 南の地
　おもいははるか
　イムジン河水清く
　とうとうと流る

〈더 포크 크루세이더즈의 임진강〉
임진강 맑은 물은
흘러 흘러 내리고
물새들 자유로이 넘나들며 날건만
내 고향 남쪽 땅
가고파도 못 가니
임진강 흐름아
원한 싣고 흐르냐

에 등장하는 잔잔한 맬로디의 '임진강'이 저에게는 무척 인상 깊었습니다. 몇 년 전, 동국대 사학과 서인범 교수가 임진강 근처에서 전원주택 생활을 하는데, 그곳의 명소 '연미정'에서 '임진강'을 들으며, 조국 바깥으로 튕겨나간 디아스포라를 생각하면서 감상에 젖은 적도 있습니다.

어쨌거나 일제강점기에는 한반도에서 살고 패전과 함께 남미지역 콜롬비아, 도미니카, 페루 등지로 이민을 갔던 일본인 디아스포라의 삶도 간고했던 것 같습니다. 저는 최근에 한국인들의 이민문학을 디아스포라의 관점에서 글을 쓰고 있습니다만, 자신의 고향/국가를 떠나 이국에서 살아가는 디아스포라의 간고한 역사와 경험이라는 점에서의 상호 공감대는 크다고 봅니다. 실제로 브라질의 상파울루에는 일본계 이민자들과 한국인 이민자들이 같은 공간에서 교류하며 지냈던 역사도 확인할 수 있는데

北の大地から	북쪽 땅에서
南の空へ	남쪽의 하늘로
飛びゆく鳥よ 自由の使者よ	날아가는 새여 자유의 사자여
だれが祖国を	누가 조국을
二つにわけてしまったの	두개로 나눴는가
誰が祖国をわけてしまったの	누가 조국을 두개로 나눴는가
イムジン河 空遠く	임진강 하늘 멀리
虹よかかっておくれ	무지개여 이어주오
河よ おもいを伝えておくれ	강이여 마음을 전해주오
ふるさとをいつまでも	고향을 언제까지나
忘れはしない	잊을 수 없어
イムジン河 水清く	임진강 맑은 물이
とうとうと流る	흘러 흘로 내리네

「임진강」 가사는 김계자, 「누가 조국을 두개로 나눴는가─남북일의 영화 〈박치기〉」 『아시아문화연구』 55(가천대학교 아시아문화연구소, 2021) 참조, 번역─편자

요. 앞으로 동아시아라는 관점에서, 세계에 한국/일본/중국의 이주/이동의 역사와 교류, 문화지점에 대한 공동연구도 한층 필요해 보입니다.

가와무라 미나토　이민을 떠나는 사람들은 가난한 경우가 많으니까요. 게다가 일본의 이민정책은 변변한 계획도 세우지 않고 그냥 이민을 보내버리는 기민정책입니다. 결국 돌아와서도 다시 어딘가로 가야하는 신세였던 거죠. 홋카이도에 개척하러 왔던 이주민들이 만주로 갔고, 또다시 만주에서 돌아와 원래보다 더 나쁜 땅을 개척해야 했던, 그렇게 곤욕을 치른 사람들로부터 한서린 얘기를 들었습니다. 일본의 이민정책, 한국의 이민정책도 마찬가지겠지만, 정치인이 생각하는 것은 제대로 된 게 없다고 생각해요.

생각해 보면, 저도 홋카이도에 있다는 것은 이민자 2세라고 할까, 이민자 가족의 자녀에 자녀, 홋카이도에서 3대째입니다만, 이민은 자신의 문제, 나의 혈족이라고 할까, 가족의 문제이기도 합니다. 저의 아버지는 아오모리青森, 어머니는 시코쿠四国의 고치高知에서 홋카이도를 개척하러 들어왔기 때문에, 그러한 문제의식은 자신 속에도 뿌리가 깊다고 생각합니다. 남미에서 이민자들의 이야기를 들었지요. 한국계 이민자들도 포함해서, 아— 정말, 다들 고생했구나 생각했어요. 이민자 모두, 지금은 꽤 좋은 생활을 하고 있구나 라고 생각하지만, 정말 힘들게 고생했을 것이란 느낌을 받습니다.

김환기 일제강점기 두만강/압록강을 건너갔던 극동 연해주지역이나 중국의 만주/간도지역에 정착했던 조선인들의 삶도 그랬습니다. 특히 구한말 멕시코와 하와이로 팔려갔던 한인 에니켄과 사탕수수 노동자들의 역사도 기민정책이나 다름없습니다. 결국 고향/조국을 떠난 디아스포라에게 유역/유민화의 길은 운명적일 수밖에 없었음을 이민/이주의 역사가 증명하는 듯해 씁쓸합니다.

화제를 좀 바꿔보겠는데요. 최근 한일관계를 보면, 정말로 최악의 성적표입니다. 한일간의 역사문제로 수렴되는 독도 문제, 위안부 문제, 징용공 문제 등을 둘러싼 양국의 갈등 양상은 극단으로 치닫는 느낌마저 듭니다. 코로나 팬데믹의 영향도 있겠지만, 양국의 인적/물적 교류가 단절된 지 수년째이고, 저희 일본학연구소도 2019년 〈일본사회문학회〉와 「3·1운동 100년, 5·4운동 100년」라는 주제의 국제학술행사 이후, 대면 학술행사를 거의 개최하지 못했습니다. 하루빨리 양국관계가 복원되고, 특히 민간교류 차원의 학술문화 행사가 재개되어야 할 텐데요, 교수님께서는 현재의 이러한 한일관계의 경색된 분위기를 어떻게 보시고, 어떻게 풀어가야 한다고 보시는지요.

가와무라 미나토 그냥 내버려두면 됩니다. 이민정책에서 보듯이, 정치인들이 하는 것은 깊이 고민하고 생각해서 만들어지는 게 아니잖아요. 정치인들이 하는 것에 대해선 그냥 내버려 두는 것이 좋아요. 일본의 경우, 아베

신조安倍晋三는 단순히 한국을 싫어합니다. 헤이트hate할 것 같은 남자거든요. 아키에昭惠 여사는 한류를 좋아하는 것 같은데, 아베 전 수상은 그냥 단순히 싫어하잖아요. 한국의 문재인 대통령도 그다지 일본을 좋아하는 것 같지 않잖아요. 솔직히 그러면 해결할 방법이 없어요. 여러 가지 양국 문화의 이해라든가, 소설의 이해라든가, 그렇게 말을 해도, 결국 그들은 하찮은 일을 한다거나 되지 않는 고집을 부려 버리잖아요.

김환기 그렇군요. 정치가들이 하는 일은 그냥 내버려두는 편이 낫다, 왠지 제게는 그 말씀이 씁쓸하지만 와닿는 것 같습니다. 그럼에도 불구하고 또 한편으로는, 일본학을 전공한 입장이라 그런지, 하루빨리 양국관계가 복원되고 다양한 분야에서 교류플랜이 정상적으로 가동되길 바라게 됩니다. 또 그렇게 되어야만 하는 게 아닐까요.

언젠가 사모님아코상께 가와무라 교수님은 정말을 많은 평론서를 내셨는데 그동안 백 권도 넘지요? 라고 했더니, 아코상이 "훨씬 많아요"라고 운을 떼시면서 지금까지 가와무라 이름으로 126권 나왔어요 라고 하셨지요. 저는 순간 '헉'하고 말문이 막힐 정도로 깜짝 놀랬습니다. 그 후에도 『가와무라 미나토 선집』전5권,『호스피스 병동의 여름ホスピス病棟の夏』,『신형 코로나 바이러스 인재기—팬데믹의 31일간新型コロナウイルス人災記 パンデミックの31日間』 등을 출간하셨으니까 그저 놀랄 뿐입니다.

『쓰레즈레쿠사』(有朋堂, 1968)

마지막으로 교수님께서 일본의 고전 문학 『쓰레즈레쿠사徒然草』[3]를 통해 평론계에 혜성처럼 등장하셨지 않습니까. 김대중 대통령이 일본대중문화를 개방할 때 문제작으로 한국에 들어오지 못했던 영화 『실락원』에서 주인공이 『쓰레즈레구사』 '생로병사'의 한 대목 "봄이 다 가고 나서 비로소 여름이 되고, 여름이 끝난 후에 가을이 오는 것이 아니다. 봄은 금세 여름 기운을 불러일으키고, 여름 속에 이미 가을이 스며들고 있다"[4]고 읊습니다. 『쓰레즈레구사』에는 "옛날 성군들 시절의 선정도 망각하고 백성들의 근심과 나라가 폐해지는 것도 돌볼 줄 모르며, 만사에 화려함의 극치를 누리는 것만을 능사라 여기고, 안하무인격으로 거만하게 구는 위정자를 보면, 참으로 생각이 얕아보여 한심하기 짝이 없다"며 위정자들을 질타하는 글귀도 있구요. 소개된 총243단의 단상 모두가 정말이지 대자연의 순리/이치를 인간의 삶의 지혜로 치환시켜주고 있는데, 요시다 겐코

---

3 요시다 겐코 지음/김충영·엄인경 역, 『쓰레즈레구사(徒然草)』, 문, 2010.

4 『쓰레즈레구사』에서는 "가을 날씨는 금방 추워져 겨울로 이어지고, 음역 시월은 겨울인데도 초봄 날씨가 숨어 있어 풀빛도 파래지고 매화 꽃망울이 맺힌다. (중략) 생로병사가 찾아오는 과정은 이보다 더 빠르다. 사계절은 그래도 정해진 순서가 있지 않은가. 하지만 죽음은 순서를 기다려주지 않는다."고 했다.

吉田兼好 법사의 무상관과 초월의 경지가 놀라울 따름입니다.

그동안 문학평론가로 활동해 오시면서 저희 한국의 후학들에게 국경/언어를 넘어 들려주고 싶은, 기억했으면 하는 좋은 고전의 문장이 있으면 한 구절 꼭 소개받고 싶습니다.

가와무라 미나토 제가 일본고전문학을 통해 평론가로 출발했다고 했는데, 김환기 교수가 『일본 불교문학의 이해』를 번역해 한국에 소개한 적이 있잖아요. 그 책에서 다룬 『호조기方丈記』, 『헤이케 이야기平家物語』, 『겐지 이야기源氏物語』가 불교사상을 근간으로 명리를 내세우는 시대상을 관조하며 설득력 있게 꾸짖고 있습니다.

특히 『호조기』의 도입부에서 "흐르는 강물은 끊이지 않고 또 원래 그 물이 아니다. 물에 뜨는 거품은 사라졌다 나타났다 하며 오래 머무는 일이 없다. 세상에 있는 사람과 집들 또한 이와 같다."라는 문장, 그리고 『헤이케 이야기』의 도입부에 "기원정사祇園精舍의 종소리는 제행무상諸行無常의 울림이요, 사라쌍수娑羅雙樹의 꽃 색깔은 성자필쇠盛者必衰의 이치를 나타낸다. 권세를 부리는 사람도 오래 가지 못하고, 한낱 봄밤의 꿈과 같다. 용맹한 자도 결국에는 망하고, 한낱 바람 앞의 먼지와 같다."라는 문장은 유명합니다. 무상관에 근거한 불교사상의 심오함과 시공을 초월해 관통하는 '娑羅雙樹' '盛者必衰'의 진리/이치를 일러주잖아요. 국가나 개인이나 명리를 강조하며, 앞위만 보고 달리는 작금의 경쟁 사회가 깊이 새겨볼

만한 고전이자 울림이라고 할 수 있습니다.

김환기 작금의 세상을 향해 어디선가 "權不十年 花無十日紅"을 어찌 모르느냐! 라고 호통치는 듯한데요, 감사할 따름입니다. 사실 교수님은 대담보다 건강을 먼저 챙기셔야만 한다는 것을 잘 알면서도, 개인적으로 뵙고 싶기도 했고, 말씀도 듣고 싶어, 이렇게 자리를 마련했습니다. 언택트Untact 시대가 계속되고 있습니다만, 오늘 문학 평론가로서의 출발과 경계를 넘어 디아스포라의 관점에서 문학적 보편성과 세계성, 그리고 월경과 하이브리드hybrid 시좌를 제시해 주신 교수님께 감사드립니다. 하루빨리 건강을 회복하셔서 그동안 북미와 중남미지역의 일본계/한국계 이민문학을 연구조사 했듯이, 저와 약속했던 중앙아시아알마타에서 유역화/유민화로 점철했던 고려인 디아스포라의 삶을 둘러보셔야지 않겠습니까. 교수님 건강하셔야 합니다.

가와무라 미나토 오늘, 이렇게 김환기 교수 덕분에 ZOOM으로 강연을 하며, 낯익은 얼굴도 만나고 좋았습니다. 저는 몇 년 전, 사랑하는 아내를 떠나보내고, 현재는 고향 홋카이도에서 여동생과 함께 지냅니다. 건강이 좋지는 않지만, 김 교수가 삿포로에 온다면, 지난번처럼 30분 정도 떨어진 조잔케이定山渓 온천을 예약해 둘게요. 같이 좋아하는 온천도 하고 맥주도 합시다. 가능할지 모르겠지만 약속했던 중앙아시아알마티도 가보고 싶네요. 감사합니다.

■ 이 특별대담은 학술지 『일본학』 제57집(동국대일본학연구소, 2022)에 게재되어 있다.
■ 이 특별대담 과정에서 도움을 주신 한국체대 유임하 교수, 상명대 이한정 교수, 동국대 일본학연구소 조수일 박사께 이 자리를 빌어 감사드립니다.

반기문 전 유엔 사무총장, 종로구 경희궁길 <보다나은미래를위한반기문재단>

"우리의 미래를 이끌어갈 청년들이,

대한민국은 물론, 78억 인류의 구성원으로서,

세계시민(global citizen) 정신을 갖는 것이 중요하다고 생각합니다."

- 반기문 -

반기문 潘基文(1944~)

충북 음성 출생.

1963 충주고등학교 졸업

1970 서울대학교 외교학과 졸업

1985 하버드대학교 정책대학원 석사

1970 외무부 입부

1990~ 외무부 미주국 국장

1995~ 외무부 외교정책실 실장

1996~ 대통령비서실 의전 수석비서관

1996.11~ 대통령비서실 외교안보 수석비서관

1998~ 주오스트리아 대사관 대사 겸 주비엔나 국제기구대표부 대사

2000~2001 외교통상부차관

2001~2003 제56차 유엔총회 의장비서실 실장

2003~2004 대통령비서실 외교보좌관

2004~2006 제33대 외교통상부장관

2007~2016 제8대 UN사무총장

2017~ 〈국제올림픽위원회(IOC)〉 윤리위원장

2018~ 〈보아오포럼〉 이사장

2018~ 〈글로벌녹색성장기구(GGGI)〉 의장

2018~ 〈반기문세계시민센터〉 이사장

2019~ 〈글로벌기후적응센터(GCA)〉 공동의장

2019~ 〈세계원로회의(The Elders)〉 부의장

2019~ 〈보다나은미래를위한반기문재단〉 이사장

2019~2021 〈국제기후환경회의〉 위원장

수상

몽골 〈칭기즈칸 훈장〉(2024), 〈찰스 3세 하모니상〉(2024), 〈대한적십자사 인도자 금장〉(2015), 〈티퍼레리 국제평화상〉(2015), 〈올해의 인도주의자상〉(2014), 〈자랑스러운 서울대인〉(2013), 〈국제올림픽위원회 올림픽훈장 금장〉(2012), 〈대한민국실천대상-국위선양〉(2012), 〈제11회 서울평화상〉(2012), 〈미국 싱크탱크 애틀렌틱 카운슬 탁월한 국제지도자상〉(2012), 〈UCLA메달〉(2010),〈국민훈장 무궁화장〉(2009), 〈델리 지속가능개발에 관한 정상회담 지속가능 개발지도자상〉(2009), 〈국제로타리 영예의 상〉(2008), 〈제1회 포니정 혁신상〉(2007), 〈페루 태양대십자 훈장〉(2006), 〈제6회 자랑스런 한국인 대상 최고대상〉(2006),〈코리아 소사이어티 밴 플리트〉(2004), 〈브라질 리오 블랑코 대십자 훈장〉(2002), 〈오스트리아 대훈장〉(2001), 〈홍조근정훈장〉(1986), 〈녹조근정훈장〉(1975) 등

대표 저서

『반기문 결단의 시간들-세계를 하나로』(2021) 등

21세기 평화/공존을 위한
글로벌 리더십

반기문(전 유엔 사무총장) × **김환기**(동국대 문과대학장)

코로나 팬데믹pandemic이 계속되는 가운데 전 세계의 위기국면은 한층 고조되는 추세다. 신냉전 시대로 불리며 러시아/우크라이나의 전쟁과 함께 글로벌 G2미중의 패권 경쟁도 격화일로다. 특히 '자유민주진영'과 '공산사회주의진영'으로 양분된 20세기의 냉전구도가 최근 '인도태평양' '칩4'까지 겹치면서 재형성되는 형국이다. 이러한 지구촌의 위기국면은 고스란히 한국의 국가경쟁력과 맞물린다. 2022년 새로운 대통령이 취임했지만, 갈라진 국민정서는 여전히 통합적 분위기와 거리가 멀다. 국가경쟁력을 걱정하는 언론매체의 각종 마이너스 지표들은 국민들의 삶을 한층 불안하게 한다. 하지만 한국은 미래지향적 핵심가치를 기반으로 경쟁력을 확보해야 하고, 지구촌의 평화/공생을 위한 노력을 게을리 할 수 없다.

일찍이 반기문 유엔 사무총장은 범지구적 관점에서 외교, 안보, 평화, 공생을 위해 헌신하신 한국이 낳은 세계적인 지도자다. 유엔의 수장으로 지구촌의 각종 현안들을 챙기시며 세계의 평화/공존을 위해 큰 메시지를 던져오셨다. 이 자리에 반기문 유엔 사무총장을 모시고 21세기 무한경쟁시대를 살아가는 한국의 젊은이들에게 필요한 가치/세계관은 무엇이고, 지구촌의 평화/공생을 위한 핵심가치가 무엇인지 청해 본다.

● **1차 대담** 2022년 10월 20일(목)   ● **장소** 더나은미래를위한반기문재단(광화문 경희궁길)

김환기 반기문 총장님의 개인 이력은 현시대를 살아가는 한국은 물론 전 세계인의 거울입니다. 개인적으로 지난해 연말 프레스센터에서 개최한 『공로명과 나』 출판기념회 때 뵌 이후, 불쑥 전화를 드렸는데 이렇게 반갑게 맞아 주셔서 감사합니다. 이번 인터뷰를 위해 총장님의 고향 음성을 다녀왔는데 고즈넉한 농촌 분위기가 참으로 좋았습니다. 제 고향이 문경인데 지금은 고속도로가 뚫려 편리해졌지만, 항상 명절 때면 교통체증으로 우회하곤 했었는데, 그때 몇 번인가 음성을 거쳐 간 적도 있습니다. 총장님께서는 그곳 음성에서 유소년시절을 보내시면서 큰 꿈을 키우셨을 텐데요. 언제부터 인류사회와 국가를 위해 일해야겠다는 마음이 생기셨는지 궁금합니다.

반기문 제가 만 6살 때 발발한 한국전쟁으로 인해, 집을 떠나 부모님과 함께 피난길에 올랐던 기억이 납니다. 전쟁으로 학교 건물이 파괴되어 교실이 아닌 운동장 바닥에서 공부했던 기억도 생생합니다. 파괴와 살상의 참상을 목격하면서 전쟁이 없는 평화로운 세상을 꿈꾸게 되었습니다. 특히, 우리를 돕기 위해 파병된 외국군인유엔군들과 길거리에서 마주치면서 이들에게 감사하는 마음을 가진 바 있습니다.

어린 시절의 꿈은 제가 고등학교에 다닐 때, 미국 적십자사가 주최한 '외국학생 초청사업VISTA Program'으로 미국을 방문하면서 구체화 되었습니다. 1962년, 저는 영광스럽게도 워싱턴 백악관에서 외국 학생들과 함께 케네디J.F.Kennedy 미국 대통령을 만났는데, 케네디 대통령은 학생들에게 "여러분은 도움의 손길을 뻗을 준비가extend a helping hand되어 있는가?"라고 물었습니다. 케네디 대통령의 이 말을 듣고, 저는 가난한 대한민국, 나아가 국제사회를 위해 일해야겠다고 결심했습니다.

대학교에 진학해 정치외교학을 공부하고 외교부에 입부한 이후, 36년 동안 대한민국과 국민을 위해 일했습니다. 제가 2007년부터 10년 동안 유엔 사무총장으로 인류와 국제사회를 위해 봉사할 수 있는 기회가 주어진 것에 항상 깊이 감사하는 마음을 갖고 있습니다.

김환기 총장님께서는 전 세계의 평화와 공존을 위해 유엔 사무총장으로 진두지휘하셨고, 현재도 지구촌의 각종 현안들을 해결하기 위해 노력하고 계십니다. 유엔헌장에 제시된 "평화 유지, 국제 안보 및 인권 존중"을 실현하기 위해 헌신하셨는데요, 특히 외교/안보, 기후/환경, 식량/기근 등의 문제를 인간주의로 해결하는 가운데 〈보다나은미래를위한반기문재단〉을 통해 청소년 교육사업과 한반도 평화정착을 위한 프로젝트까지 제공하며 지구촌의 평화/공생정신을 실천하고 계십니다. 총장님이 생각하시기에 우리가 살고 있는 지구촌에 가장 중요한 가치는 무엇인지, 그 실천을 위해 어떤 노력들이 필요한지 여쭙고 싶습니다.

반기문 지구촌의 핵심가치는 인간과 지구라고 생각합니다. 그리고 이 핵

글로벌 리더가 말하는 한국

어머니와의 만남(『반기문 결단의 시간들』에서)

심가치는 유엔의 3대 목표인 "국제평화와 안보, 인권과 개발"과 서로 밀접하게 연계되어 있습니다. 예를 들어, 전쟁 상황에서는 인권 존중이나 경제 발전을 기대할 수 없습니다. 올 2월 24일 러시아의 불법 침공으로 시작된 우크라이나 전쟁의 경우를 보더라도, 전쟁이 인권이나 개발에 얼마나 치명적인 영향을 주는지를 확인할 수 있습니다.

오늘날 지구촌이 직면한 가장 심각한 도전은 바로 기후변화에서 연유하는데, 이로 인해 수많은 기후 난민이 발생하고 지역 분쟁도 촉발되고 있습니다. 2020년부터 인류를 공포와 고통 속에 몰아넣고 있는 코로나19 팬데믹pandemic도 자연환경 훼손에 따른 생태계 변화에서 기인하는 것입니다. 제가 유엔 사무총장으로 재직했던 2015년, 유엔이 주도하여 파리

기후변화협약을 채택하고, 관련 후속조치를 취하고 있는 것도 기후 위기의 삼각성과 절박성 때문입니다. 기후변화는 인류의 생존과 직결되는 핵심 사안인데, 기후 위기 상황에 대응하기 위해서는 무엇보다도 탄소배출을 급격히 줄여야 합니다. 우리나라도 2050년까지 탄소중립을 실현할 것을 2020년 국제사회에 약속했으므로, 정부와 기업 등 핵심 이해당사자들이 이를 충실히 이행해야 합니다.

또한 저는 국제사회와 긴밀히 협업해 2015년 유엔총회에서 '유엔 지속가능발전목표UNSDGs'를 채택하였습니다. 총 17개의 목표로 구성된 UNSDGs는 빈곤퇴치, 보건증진 등 사실상 모든 분야에서 인류의 '보다 나은 미래'를 위한 청사진을 제시한 것입니다.

저는 지난 2017년 10년 동안의 유엔 사무총장 직위에서 물러난 후에도 인류를 향한 심각한 도전에 대처하는 노력이 필요하다고 생각해, 2019년 초 갈등과 결핍이 없는 세상을 향해 〈보다나은미래를위한반기문재단〉을 서울에 설립하였습니다. 미래세대인 청소년들이 인류의 구성원인 '세계시민global citizen'으로서 지구촌이 처한 엄중한 현실을 제대로 파악하고 공동 대처하는 것이 필요합니다. 이를 위해서는 미래세대인 청소년들을 대상으로 기후변화를 비롯한 지구환경 문제에 대한 교육을 체계적으로 시행하는 것이 중요합니다.

김환기 그동안 지구촌은 수많은 크고 작은 전쟁/분쟁이 있어 왔고, 현재도 우크라이나/러시아의 전쟁이 계속되고 있습니다. 넓게 보면 '공산사회주의 진영'과 '자유민주주의 진영'의 대립/갈등이고, 이는 곧 한반도 남북한의 정치 이데올로기와도 직결되는 사안입니다. 인류 역사에 전쟁이 없지는 않았지만, 지금처럼 인류 말살의 핵 살상 무기가 전면에 회자되는 경우가 있었는지 반문하게 됩니다. 동시에 어떤 형태로든 지구적 차원의 평화/공존의 가치는 절대 훼손될 수 없다는 사실입니다. 한반도의 냉전 종식을 포함하여 지구촌의 평화/공존을 위해, 한국을 비롯해 지구촌은 어떤 정신적 좌표와 실천적 노력이 필요한지 고견을 들려주십시오.

반기문 올해 2월 말에 시작된 우크라이나 전쟁은 4차 산업혁명시대인 21세기에 핵보유국이자 안보리 상임이사국인 러시아가 인접 국가인 우크라이나를 불법 침공함으로써 야기된 것인데, 이러한 불법행위에 제대로 기능하지 못하고 있는 유엔 안보리의 현실을 개탄합니다. 이는 전쟁을 일으킨 러시아가 상임이사국 자격으로 안보리의 제재 결의 추진에 매번 거부권을 행사하기 때문입니다. 이번 전쟁의 영향으로 전 세계가 에너지 및 식량 위기, 그리고 인플레 등 복합적인 도전에 직면해 있습니다. 또한 미국과 전 방위적으로 대결 중인 중국은 우크라이나 전쟁 상황에 편승해 대만의 주권을 위협하고 있어, 동아시아 지역 안보에도 부정적인 영향을 주고 있습니다.

저는 올 8월 중순 우크라이나 정부의 초청으로 수도인 키이우Kiev를 방문해 젤렌스키Volodymyr Zelensky 대통령과 면담하였고, 민간인 집단학살이 자행된 부차Bucha와 이르핀Irpin을 방문한 바 있습니다. 당시 저는 러시아의 불법 침공에 국제사회가 단합하여 대처해야 한다면서 "러시아의 우크라이나 침공에 대해 중립을 지키거나 침묵하는 것은 결코 선택지가 될 수 없다"고 강조하였습니다.

한편, 지구촌의 평화와 안보를 유지하기 위해서는 안보리 상임이사국인 미국과 러시아, 중국이 기후변화 등 상호협력이 가능한 분야를 적극 발굴하는 등, 대결과 갈등 분위기를 완화하기 위한 노력을 전개해야 합니다. 이와 동시에 가장 보편적 국제기구인 유엔이 안보리는 물론, 필요시 총회가 직접 주도하여 국제평화와 안보를 유지하기 위한 대화채널 및 신뢰구축조치CBM 등을 시행하는 것이 필요합니다.

북핵 문제 등 한반도의 최근 안보정세도 우려됩니다. 올해로 한반도가 양분된 지 77년이 지났지만, 한국전쟁 이후 남북한 간 평화체제는 아직도 수립되지 않고 있습니다. 그간 집요하게 핵미사일을 개발해온 북한은 21세기 들어 6차례나 핵실험을 감행했는데, 이는 핵비확산조약NPT으로 대표되는 국제핵비확산 체제는 물론, 2006년 이래 총 11차례에 걸친 안보리의 제재 결의를 정면으로 위반한 행태입니다.

급기야 북한은 올 9월 8일 핵무기 사용요건을 법제화하기에 이르렀습니다. 이번 북한의 도발적 조치는 국제사회에서 전례가 없는 핵무기 선제사용 선언이며, 한반도와 동북아지역의 평화와 안보를 더욱 위협하고 있습니다.

지금까지 말씀드린 대로 현재 국제평화와 안보가 심각하게 도전받고 있는 만큼, 안보리를 비롯한 유엔의 기능이 활성화되도록 모든 회원국들이 관심과 성원을 보내야 합니다. 이와 동시에 북한 핵미사일로 위협받는 대한민국의 평화와 안보는 우리의 군사적 자강自强 노력과 한미동맹 차원의 전략적 대응을 절실히 요구하고 있습니다. 구걸을 통해서는 진정한 평화를 확보할 수 없으며 평화는 힘을 통해 지켜지는 것입니다. 로마제국의 군사 전략가인 베게티우스Flavius Vegetius Renatus의 언급처럼 "평화를 원하거든 전쟁을 준비"해야 합니다.

김환기 북한의 핵위협으로부터 국가를 지키고 평화를 위한 군사적 자강 노력과 한미동맹의 전략적 대응을 말씀해 주셨습니다. 북한도 핵위협을 그만두고 한반도와 동북아의 평화/공존을 위해 노력해야 할 텐데, 돌출 행동만 하고 있으니 안타까울 따름입니다. 총장님, 유엔 사무총장의 위치는 한국/한국인의 자랑일 뿐만 아니라 전 세계인의 자랑이며 꿈의 상징입니다. 저도 대학에서 강의/연구를 하고 있지만 오늘날의 젊은이들은 정말 힘든 시대를 살아가고 있습니다. 글로벌 시대의 무한경쟁 사회로 내몰려 좌표를 잃고 힘들어하는 경우가 많습니다. 이런 경쟁 사회에서 한국의 젊은이들은 어떤 가치관/세계관을 갖고, 어떠한 실천적 노력들을 해야 하는지 말씀을 부탁드립니다.

반기문　정도 차이는 있겠지만, 우리 모두의 삶에서 경쟁은 피할 수 없다고 봅니다. 그런데, 면적이나 인구에 비해 부존자원이 턱없이 부족한 우리 사회는 더욱 치열한 경쟁을 요구하고 있습니다. 특히, 학업을 마치고 사회로 진출하려는 청년들은 그 누구보다도 심각한 경쟁을 체감할 것입니다. 생계 및 결혼 등, 개인의 행복과 직결되는 매우 중요한 문제인 취업을 준비하고 있는 청년들이 어려운 상황 속에서도 긍정적인 마음을 갖기를 바랍니다. 긍정적으로 사고하는 사람은 어려움이 닥치더라도 이를 신속히 극복하고 계속 앞으로 나아갈 수 있기 때문입니다.

동시에 남을 배려하며 함께 살아가는 사회를 만들어가기를 바랍니다. 저는 우리의 미래를 이끌어갈 청년들이 대한민국은 물론, 78억 인류의 구성원으로서 세계시민정신Global citizenship을 갖는 것이 중요하다고 생각합니다. 한 국가의 구성원국민임과 동시에 국제사회의 일원으로 생각하고 행동하는 사람이 곧 세계시민입니다.

지구촌의 보다 나은 미래를 위해서는 세계시민정신이 보다 확산되어야 한다고 생각해, 저는 유엔 사무총장 임기가 끝난 후 2018년 오스트리아 비엔나에 '반기문 세계시민센터'를 설립하고, 하인츠 피셔Heinz Fischer 전 오스트리아 대통령과 함께 공동의장직을 수행하고 있습니다. 또한, 제가 2019년 서울에 〈보다나은미래를위한반기문재단〉을 설립한 것도 미래세대인 청소년들에게 꿈과 희망을 주기 위한 노력의 일환입니다.

김환기 화제가 좀 바뀝니다만, 2022년 초 많은 정치적 갈등/대립을 거쳐 한국에는 새로운 대통령이 취임했습니다. 언론매체의 국민 여론을 보면, 현 정부 지지율이 20%대라는 말이 연일 회자되고 있고, 이념적 좌우와 여야로 갈라진 국민 정서는 좀처럼 통합의 길로 나아가지 못하고 있습니다. 국민이라면 누구나 한국 사회가 국가경쟁력을 통해 글로벌 시대를 리드하는 위치에 자리매김하길 바랄 텐데요. 현실적 경쟁지표는 위기 국면임을 분명하게 보여주고 있습니다. 이렇게 엄중한 시기에 새롭게 취임한 대통령은 어떤 가치를 가지고 어떠한 정치를 펼쳐야 하는지, 유엔 사무총장의 입장에서 훈수를 둬주셔야 할 것 같습니다. 한국/한국인과 국가경쟁력을 위해 현 정권을 향해 쓴소리를 부탁합니다.

반기문 우리는 오늘날, 디지털 전환Digital Transformation, 그린 전환Green Transformation 뉴노멀 전환New Normal Transformation과 같은 문명사적 대전환의 시대에 살고 있습니다. 역사의 어느 시대에서든 크고 작은 전환이 있었지만, 우리가 직면하고 있는 이 전환은 복합적인 전환을 동시에 맞고 있다는 측면에서 그 의미가 다르다고 하겠습니다. 도전이자 위기라는 양면성 또한 간과해서도 안 됩니다. 코로나19 극복 과정에서 각국이 펼친 확장적 재정정책과 러시아의 우크라이나 불법 침공에서 야기된 에너지와 식량 위기 등, 글로벌 공급망 붕괴는 심각한 인플레이션을 촉발했고, 글로벌 경기 침체로 이어지고 있습니다. 개방형 경제체제인 우리나라가 느끼는 위기의 강도는 다른 나라와 비견해 더 큽니다. 이러한 위기 국면에서 국론을 모아 위기에 대처해야 할 우리의 정치는, 정략적 이익에 매몰돼, 오히려 위기와 갈등을 증폭시키고 있습니다. 올 6월 스위스 국제경영개발대학원IMD에서 발표한 국가경쟁력 순위에서, 우리나라는 63개국 중 27위로 지난해보다 네 단계나 추락했습니다.

지난 5월 10일, '다시 도약하는 대한민국'을 표방하면서 새 정부가 출범했지만, 아직도 명확한 국가 비전과 유효한 실천 전략을 보여주지 못하고 있다는 지적이 많습니다. 혼선과 실패로 불신도 누적되고 있습니다. 이 중차대한 도전과 위기의 분기점에서 새 정부가 심기일전하여 대한민국의 국운을 개척하고, 글로벌 선도국가로서 경제대국·문화강국의 면모를 착실하게 다져 나아가야 하겠습니다.

무엇보다도 먼저 국민화합, 사회통합의 목표와 가치를 놓쳐서는 안 됩니다. 저는 UN사무총장 10년간, 세계 각국을 방문하면서 희생과 헌신, 솔선수범의 정신이 결여된 국가지도자로 인하여 그 국가가 어떻게 분열되고 실패의 나락으로 떨어졌는지를 생생하게 목도하였습니다. 어느 시대, 어떤 사회에서도 분열이 있을 수 있으나 지금의 우리 사회는 그 범위와 강도가 너무 심합니다. 통합과 화합은 일시에 해결할 수 있는 문제는 아니지만, 국가 발전을 위해서는 반드시 이뤄내야 할 숙명적 과제이고 목표이기 때문에, 새 정부에서도 국정의 최상위에 두고 끊임없이 밀고 나아가야 합니다.

협치와 인재의 활용이 중요합니다. 독일의 메르켈Angela Merkel 총리가 16년간 장기 집권할 수 있었던 원동력이 바로 '협치의 정치'였는데, 절제와 상호 배려를 통해 이념과 정책적 차이를 국익 중심으로 융합시킴으로써 화합과 통합의 국론을 잘 모아갈 수 있었습니다. 인재의 폭넓은 활용을 통하여 통합과 화합의 길을 열어가야 합니다. "나라를 다스리는 것은 사람 쓰기에 달렸다"爲邦在於用人[1]는 다산 정약용의 통찰력은 오늘날에도 틀림이 없는 진리입니다. 오로지 열정·책임감·균형감각을 기준으로 인재를 등용한다면 분열의 요인을 많이 줄일 수 있습니다. 저는 정부가 분야별로 경륜과 식견 그리고 혜안을 갖춘 국가 원로분들을 국정 자문에 적극 활용하면서, 많은 기회를 만드는 것도 매우 중요하다고 생각합니다.

미래 세대에게 통합과 화합의 정신을 체화시키고, 잘 갖추어진 인성을 바탕으로 자신의 발전은 물론, 국가·사회에 기여하는 인재로 육성시키기 위해 '교육의 大개혁'이 반드시 있어야 합니다. 교육은 나라 발전의 거울이고 경쟁력의 근본입니다. 자라나는 세대에게 건전한 가치관, 공동체 의식, 인내와 용기, 역사에 대한 올바른 이해 등을 심어줘야 합니다.

---

1 爲邦在於用人(위방재어용인)은 다산(茶山) 정약용의 『목민심서(牧民心書)』에 나오는 구절로서 나라를 다스리는 것은 사람을 쓰는 데에 있다는 뜻이다. "郡縣雖小 其用人 無以異也. 鄕丞者 縣令之輔左也 必擇一鄕之善者 俾居是職(군현수소 기용인 무이이야. 향승자 현령지보좌야 필택일향지선자 비거시직) : 고을은 비록 작으나 사람을 쓰는 것은 다를 것이 없다. 향승이란 수령의 보좌역인 것이다. 반드시 한 고을의 선한 자를 가려서 그 직에 있게 하라." 고 했다.

종로구 경희궁길 〈보다나은미래를위한반기문재단〉(서인범 교수, 최성주 대사)

국가지도자의 올바른 리더십은 화합과 통합을 강력하게 견인하고 지속적으로 추동할 수 있는 가장 유효한 가치이자 수단입니다. 이념, 세대, 지역, 계층을 아우르고 소통시킬 수 있는 포용적 리더십입니다. 반대세력과 비판 人士까지 끌어안는 모든 국민의 리더십이 되어야 합니다. 이런 가운데, 건강하고 생산적인 협치가 가능해집니다. 지난 정부가 우리 사회를 내 편, 네 편의 두 진영으로 가르고 분열시켰던 치명적인 리더십의 실패를 반면교사로 삼아야 합니다. 새 정부는 하해불택세류河海不擇細流[2]의 리

2 사마천(司馬遷)의 『사기(史記)』「열전」에서 유래한 고사성어다. 본래의 문장은 "泰山不辭土壤 故能成其大(태산불사토양 고능성기대)/河海不擇細流 故能就其深(하해불택세류 고능취기심)" 인데, 우리말로 풀어보면 "태산은 흙덩이를 사양하지 않아 거대함을 이루었고 강·바다는

글로벌 리더가 말하는 한국

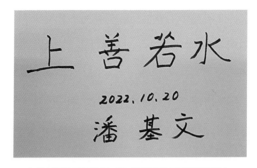

더십을 발휘해야 합니다.

저는 이러한 리더십을 노자의 표현을 빌어 '상선약수上善若水[3]'의 리더십이라고 제시했고, 저의 좌우명으로 삼아 왔습니다. 물은 어김없이 위에서 밑으로 흐르고, 빈 곳이 있으면 채우고, 막힘이 있으면 유연하게 돌아서 갑니다. 즉, 모든 것을 포용하면서 점진적으로 앞으로 나가는 것이 국가 지도자에게 요구되는 최우선 급선무의 리더십이 아닐 수 없겠습니다.

김환기 한일간에는 일제강점기라는 거부할 수 없는 부負의 역사적 지점

가는 물줄기를 사양하지 않아 깊음을 이루었다"라는 뜻이다. 큰사람은 보잘 것 없는 사람이나 사소한 말도 다 받아들인다는 말이다.

3 노자(老子)의 『도덕경(道德經)』에 나오는 구절이다. "上善若水(상선약수) : 최고의 선은 물과 같다." 반기문 총장은 공개적으로 '상선약수'가 좌우명이라며 몇 차례 언급한 바 있다. 미국 버락 오바마 대통령의 54번째 생일선물로 '상선약수' 휘호를 전달하기도 했고, "물은 지혜와 유연함, 부드러운 힘을 상징하고 물은 생명이자 평화, 그리고 인간의 존엄성"이라고 했다. "유엔을 이끌면서 이런 덕목을 적용하려고 내내 노력했다"고 언급한 바 있다.

이 있습니다. 현재 일제강점기의 '징용공' 문제를 비롯해 위안부, 독도를 둘러싼 한일간의 갈등/대립 국면이 심각합니다. 그럼에도 불구하고 여전히 한일관계가 중요할 수밖에 없다고 보는 시각에는 이견이 없는데요. 총장님께서는 유엔 사무총장의 입장과 객관적인 시각에서 한일 양국의 공통가치가 무엇이고, 단절된 현재의 대치국면을 어떤 방향성을 가지고 탈출구를 찾아가야 한다고 보시는지요.

반기문 한일 양국은 서로 간에 매우 중요한 관계에 있습니다. 그러나 불행하였던 과거 역사의 유산으로 인하여 긴장과 갈등이 지속되고 있어 안타까운 마음입니다. 한국인들이 일본에게 바라는 것은 진정으로 과거의 일에 대하여 반성하고, 그 기반하에 미래지향적인 관계를 맺어가는 것입니다. 일본이 여러 차례 반성의 마음을 표현하긴 했지만, 그 표현이 실제 행동으로 연결되지 못하는 경우가 있어서 한국인들은 실망하고, 일본의 반성에 대해 진정성이 부족하다고 평가하고 있습니다.

그러나 일본 정부는 양국 간의 불행한 역사에 대해 수차례 사과와 유감을 표명하였다고 주장하고 있습니다. 또한 과거사 문제와 배상 문제는 1965년 한일협정으로 완전히 해결되었다는 입장을 보이고 있습니다. 이러한 입장 차이로 인해 아직도 갈등이 계속되고 있습니다. 위안부 할머니들과 일제치하의 강제징용 피해자들에 대한 사과와 배상문제가 바로 이와 같은 양국 간의 입장 차이에서 비롯되고 있습니다.

그러나, 위안부 할머니들의 문제는 인권에 관한 문제이므로 국가 간의 약속인 한일협정으로 해결되었다고 보기 어렵습니다. 피해자들이 용납할 수 있는 방식으로 일본측이 성의있는 해결책을 제시해야 하며, 이 점에서 일본도 어느 정도 성의를 보이려고 합니다. 강제징용문제의 경우, 일본의 입장이 매우 강경합니다. 한국의 대법원이 2018년 내린 결정을 인정하지 않고 있습니다. 따라서 현재 한일 양국이 시급하게 해결해야 하는 문제는 강제징용 피해자들에 대한 진정어린 사과와 배상의 문제입니다. 윤석열 정부가 이 문제를 해결하기 위해 진력하고 있기 때문에 좋은 해결방안이 제시될 것으로 믿습니다. 지난 9월 21일 뉴욕에서 개최된 한일정상회담은 경색된 문제해결 과정을 여는 작지만 중요한 진전으로 볼 수 있습니다.

저는 한국이 그동안 경제적으로 크게 성장하였고, 문화적으로도 아시아는 물론 세계무대에서 인정받고 있기 때문에 자긍심을 갖고 일본을 대할 때가 되었다고 생각합니다. 따라서, 한국도 과거 일제치하의 피해자라는 입장에서 벗어나 일본을 도덕적으로 포용하는 마음을 가질 때가 되지 않았나 하는 생각을 해 봅니다. 그러한 기반 위에서 한일 양국이 미래지향적으로 발전하도록 한국이 선도해 갈 수 있다고 봅니다. 한국과 일본은 지리적으로 가까운 이웃 국가이면서 동시에 자유민주주의, 시장경제, 인권존중 등, 인류의 보편적 가치를 공유하는 국가입니다. 현재 국제정세가 매우 유동적이고 어려운 상황입니다. 자유민주주의 가치를 공유하는 국가들이 서로 협력하여 국제정세를 안정시키고, 인류의 보다 나은 미래를 건설하는데 함께 노력해 나가야 합니다.

김환기 개인적으로 전 세계에 흩어져 사는 코리안 740만여 명은 역사적 가치/경쟁력 측면에서 소중한 위치에 있다고 봅니다. 한국 정부 역시 최근 들어 이들 해외 코리안들의 글로벌 경쟁력을 주목하며, 다양한 관심과 협력 프로그램을 추진하고 있고, 실제로 큰 성과로 이어지는 경우가 적지 않습니다. 사실 이들 해외 코리안의 역사적 출발은 구한말부터 일제강점기, 한국전쟁, 조국의 근대화/산업화, 민주화운동 등과 깊게 맞물려 있습니다. 조국과 운명적인 관계를 형성하고 있다는 것인데, 그만큼 조국/민족/고향으로 이끌리는 구심력이 강함을 의미합니다. 그런 관점에서 해외 코리안 740만여 명의 존재는 현재진행형인 동아시아, 한일, 남북한의 갈등/대립 국면에서 큰 역할을 할 수 있다고 봅니다. 총장님께서는 수많은 해외 코리안들과 한국이 앞으로 어떤 가치를 갖고 어떠한 방향으로 상호 협력하고 공존할 수 있다고 보시는지 듣고 싶습니다.

반기문 우리 한민족이 세계 여러 나라에 흩어져 살면서도 모국에 대한 마음을 잃지 않고, 지속해서 한국과 관련을 맺어 나가고 있습니다. 저는 이를 매우 고무적인 일이라고 생각합니다. 우리 경제가 발전해가는 과정에서 해외 한민족은 많은 기여를 해 주었습니다. 그리고 거주하는 국가에서도 한인들이 서로 협력하고 도와가면서 많은 발전을 이룩했고, 거주국에도 많은 기여를 해 나가고 있습니다.

그러나, 유엔은 민족이라는 개념을 경계하고 있습니다. 과거 인류 역사에서 보면, 자기 민족의 우월성을 내세우면서 잔혹 행위가 일어났기 때문에 민족의 개념을 보다 열린 입장에서 바라보아야 합니다. 우리가 한민족을 내세우기보다는 여타 민족들과 서로 평등한 입장에서 서로를 존중하는 세계시민이 되어야 합니다. 우리나라에서 우리와 함께 사는 다른 민족들에 대해서도, 열린 입장에서 포용적이고 개방적으로 통합해 나가야 합니다. 우리 민족만을 강조하면 보편성을 상실하게 됩니다. 앞으로 동포청의 설립을 위한 논의가 이루어질 것으로 예상됩니다. 해외에 살고 계신 우리 한민족도 한국에 변함없는 사랑과 함께 세계시민으로서 관용과 개방, 그리고 포용이라는 인류 보편적인 가치를 공유하면서 세계시민 정신으로 나가길 바랍니다.

김환기 특히 동아시아를 비롯해 한일관계, 남북한 문제에서 재일 코리안의 위치는 대단히 중요하다고 생각합니다. 실제로 한국이 위기 국면에 직면했을 때마다 재일 코리안들은 경제적인 협력을 아끼지 않았습니다. 88 서울올림픽, IMF 경제위기 등 조국이 곤란에 처했을 때마다 재일 코리안의 조국/민족애는 유감없이 발휘되었습니다. 비록 민단/총련으로 갈라져 남북한의 정치·경제적 영향과 맞물려 있기도 하지만, 민족적 측면에서 재일 코리안의 위치는 한일관계를 비롯해 통일 조국을 열어가는 데 건설적인 역할을 할 수 있다고 보는데, 총장님께서는 어떻게 생각하시는지요.

반기문   재일 한국인들은 우리 근대사에서 고난과 역경을 대표하는 분들입니다. 식민지 치하에서 일본에 정착해 많은 어려움 속에서도 굴하지 않고 삶을 개척해 오셨습니다. 최근 화제가 된 이민지 작가의 '파친코'에서는 이러한 어려움을 극복하는 과정이 잘 묘사되어 있습니다. 저는 이분들이야말로 한일관계를 더욱 공고히 발전시킬 수 있는 중요한 자산이라 생각합니다. 재일 한국인으로서 일본 사회에 잘 정착하여 성공하신 분들도 많습니다.

그러나 불행하게도 남북한의 분열 속에서 재일 한국인 사회도 민단과 조총련 두 단체로 나뉘어 분열된 것은 유감입니다. 앞으로 두 단체가 일본 사회에서 서로 협력하면서 평화통일을 위해 기여해 나가기를 기대해 봅니다. 그러기 위해서는 민단과 조총련 모두 자유민주주의, 인권 등의 가치를 공유해야 합니다. 가치를 공유하지 못하면 단합할 수가 없고, 협력할 수가 없습니다. 양 기관이 서로 대화해 나가면서 가치를 수렴해 나가는 과정을 가지기를 바랍니다.

김환기   총장님께서는 유엔헌장에 제시된 "평화 유지, 국제 안보 및 인권 존중"을 근간으로 국제적으로 많은 사안들을 해결해 오셨고, 앞으로도 외교/안보, 기후/환경, 식량/기근 등, 국제사회의 보편적 가치를 중심으로

반기문 집무실(『반기문 결단의 시간들』에서)

많은 계획을 가지고 계십니다. 특히 〈보다나은미래를위한반기문재단〉을
통해 청소년 교육사업과 한반도 평화정착을 포함해, 지구촌의 평화/공생
을 위한 다양한 프로그램을 운영하고 계십니다. 앞으로 〈보다나은미래를
위한반기문재단〉에서는 "정부나 정당과 연계 없이 민간 학술단체나 국제
기구 등과 함께 협력해 각종 사업을 추진"할 것이라고 하셨는데, 구체적
으로 어떤 계획을 갖고 계신지 여쭙고 싶습니다.

반기문 저는 늘 UN사무총장직에서 퇴임했으나 은퇴한 것은 아니라는 생
각을 갖고 있습니다. 대외 활동을 마치기 전까지 저의 직함은 제8대 UN
사무총장일 것입니다. 그런 맥락에서 저의 회고록 『반기문 결단의 시간

들』맨 끝에 이렇게 썼습니다. "나는 내가 이루고자 했던 꿈과 비전의 실현을 위해 앞으로도 내 모든 것을 바칠 것이다……. 나는 앞으로 어떠한 일에 대해서도 힘 있고 단호하게 말할 것이다. 희망과 용기를 나눌 수 있는 사람이라면 누구와도 만날 것이다" 2019년 4월, '국가기후환경회의' 위원장직을 맡아 미세먼지 등 기후환경 개선에 진력했던 일, 지난 8월 16일, 우크라이나를 방문하고 러시아의 침공은 전쟁범죄·반인도적 범죄·침략 범죄이고, 이에 대해 중립에 서고 침묵하는 것은 온당한 일이 아니라고 질타한 것도 회고록에서 피력했던 다짐의 실천이었습니다.

재단 설립 이후, 팬데믹이 발생해 대내외 활동이 많이 제약된 것은 매우 아쉬운 일이었습니다. 그 가운데에서도 〈반기문 평화안보포럼〉을 발족시켜 우리의 안보 상황을 진단해 왔고, 아시아개발은행ADB과 공동사업으로 팬데믹에 대해 글로벌 차원의 장·단기 대응 연구보고서를 발간했으며, 청소년 기후환경교재를 개발해 중국의 민간 부문에 제공하기도 했습니다. 재단 자체 사업으로 'SDGs 5년의 평가와 향후 10년의 과제'Redesign our Future라는 연구서를 출간하고 세계 유수의 기관·단체에 배포했으며, 특히 구테흐스 UN사무총장에게 '2025 SDGs Summit' 개최를 제의했는데, 구테흐스 총장의 업무계획에 이것이 '2025 Social Summit'으로 포함되어 있습니다.

올해부터는 전국의 대학생을 대상으로 '기후환경리더 양성과정'을 개설하여 전반기에 150명의 기후리더를 탄생시켰고, 하반기에는 100명의 기후리더를 양성하고 있는데, 앞으로 매년 200명의 기후환경리더를 배출해 차세대 기후지도자로 육성해 나갈 계획입니다. 이와 더불어 미국의 스탠퍼드 대학Stanford University과 공동으로 SDGs와 기후변화를 주제로 'Trans-Pacific Sustainability Dialogue'를 창설했는데, 올해 서울 개최 10월 26~28일를 시작으로 영향력 있는 연례 국제적 대화체로 발전시켜 나갈 예정입니다.

서울대의 〈국가미래전략원〉, 연세대의 〈글로벌사회공헌원〉, 한동대의 〈반기문글로벌교육원〉 등, 저와 직접적으로 연결된 국내 대학과의 협업 활동도 글로벌 이슈를 중심으로 전개할 생각을 하고 있으며, 2018년 오스트리아의 수도 빈에 설립한 〈반기문 세계시민센터〉와도 긴밀히 교류하면서 인류의 보다 나은 미래에 봉사하는데 진력하고자 합니다.

김환기　현재 한국은 물론이고 전 세계가 코로나 팬데믹을 앓고 있습니다. 지구촌 한쪽에선 전쟁과 이산離散에 신음하고 있으며 홍수/기근, 가난을 이겨내기 위해 힘겨운 투쟁을 펼치고 있습니다. 마지막으로 반기문 유엔 사무총장님께서 국가와 민족, 인종, 종교적 경계를 넘어, 지구촌의 세계시민들과 한국인들에게 힘과 용기를 불어넣어 줄 수 있는 격려의 말씀 한마디를 부탁드립니다.

반기문　오늘날 현대사회를 초연결사회Hyper-Connected Society라고 합니다.

혁명적인 디지털 전환을 통하여 새로운 글로벌 공동체를 생성하고, 그 속에서 전 세계의 정치, 경제, 문화, 종교 등 인류의 생활양식이 실시간으로 연결되는 사회를 말합니다. 따라서 지구촌 곳곳에서 발생하는 문제는 이제 더 이상 개별국가의 문제가 아니라 지구촌 공동체의 문제로 연결되고, 인류는 국가 시민인 동시에 세계시민Global Citizen으로서 문제 해결을 위한 책임과 의무를 지게 된 것입니다. 6억 명 이상의 감염자와 650만 명이 넘는 희생자를 발생시키고 있는 코로나19 팬데믹은 인류가 세계시민으로서 하나의 지구촌에 살고 있다는 사실을 가장 나쁜 방식으로 보여주고 있습니다.

유네스코에 따르면, 세계 시민이란 "보다 관용적이고 포용적이며, 평화롭고 안전하고 지속 가능한 사회를 적극적으로 촉진하는 사람"입니다. 연대와 협력, 배려와 관용이 그 바탕에 깔려있고, 그것이 바로 세계 시민정신Global Citizenship입니다. 세계 시민정신은 초연결사회에서 새로운 집단지성을 다양하게 만들어내고 있고, 이를 바탕으로 인류는 코로나19 팬데믹을 극복해 가고 있습니다. 우리 인류가 국가 시민으로서 권리와 의무를 다하고, 세계시민으로서 역할과 책임에 충실히 한다면, 범지구적인 도전, 전 인류적인 위기에 용기 있게 맞설 수 있습니다. 인류와 지구의 지속 가능성에 의문부호를 던지고 있는 기후 위기도 세계시민정신에 따라 극복해 갈 수 있고, 또 그래야만 합니다. 국가와 세계시민이 연대와 협력으로 '2050 탄소중립'을 이뤄내고 자연에 대한 배려와 포용으로 생태계를 복원해야 합니다.

이를 위해 세계시민 모두가 지
금부터라도 당장 기후 행동에 나
서야 합니다. 국가, 기업, 시민사
회, 개인 모두가 세계시민입니다.
인식과 행동의 대전환이 필요합니
다. 화석연료에 기반한 성장과 번
영은 이제 더 이상 안 됩니다. 탐
욕이 숨겨진 생태계 파괴를 자연
은 더 이상 용서하지도 않을 것입
니다.

『반기문 결단의 시간들』(김영사, 2021)

2019년 4월, 교황청을 방문하고 프란치스코 교황을 만났을 때, 교황께
서는 저에게 이런 말씀을 들려주셨습니다. "신은 항상 용서하고, 인간은
때때로 용서하지만, 자연은 결코 용서하지 않는다" 인류가 세계 시민정
신으로 무장하고, 문명사적 대전환과 팬데믹, 전쟁, 경제위기와 같은 도
전에 대응한다면, 우리는 지구촌의 지속 가능한 발전과 보다 나은 미래의
삶을 확실하게 이어갈 수 있을 것입니다. 우리 모두 세계시민으로 나아가
고 세계시민정신을 발휘합시다.

■ 이 특별대담은 학술지 『일본학』 제58집(동국대일본학연구소, 2022)에 게재되어 있다.

한창우 마루한 그룹 회장, 동국대 일본학연구소 창립 40주년 기념 강연회

"항상 좋은 라이벌을 가져라,
목적과 목표를 가져라,
진정한 친구를 가져라 라고 강조합니다."

-한창우-

한창우 韓昌祐(1930~)

경남 삼천포 출생
1947 16세에 일본으로 건너감
1953 일본 호세이대학 경제학부 졸업
1957 클래식 커피숍 〈루체(RUCE)〉 오픈
1957~현재 마루한(MARUHAN) 대표취재역 회장

수상
미국 경제지 포브스가 선정한 세계 억만장자에 일본 부호 순위 22위 선정
(2009), 일본국 내각총리 〈곤주호장(紺綬褒章)〉(1972), 대한민국 체육훈장
〈청룡장〉(1987), 대한민국 〈대통령상〉(1991), 대한민국 국민훈장 〈무궁화
장〉(1995), 경남대학교 〈명예경제학박사〉(1996), KBS 주최 〈제6회 해외동
포상〉(1998), 일본국 내각총리 〈서보장(瑞宝章)〉(1999), 마샬제도 공화국
〈최고공로훈장〉(2004), 부산대학교 〈명예경영학박사〉(2006), 서울여자
대학교 〈명예문학박사〉(2006), 연변대학교 〈명예국제정치학박사〉(2006),
〈캄보디아 국왕 우호훈장 마하 시리우다 대십자훈장(Maha Sirivudha-
Mohas reivath)〉(2008), 동아대학교 〈명예법학박사〉(2009), 경상대학교
〈명예이학박사〉(2009), 한국 사천시 〈제1호 시민대상〉(2010), 강원도 도지
사 〈명예지사〉(2014), 〈장보고한상어워드상〉(2019) 등 수상

대표 저서
『눈은 세계로 가슴은 조국으로』(생각의지도, 2007), 『16세 표류 난민에서
30조 기업가로』(서울문화사, 2019), 『나의 인생』(주식회사 마루한, 2021) 등

MARUHAN의 도전정신과
공생철학 마루한이즘Maruhanism

한창우(마루한 그룹 회장) × 김환기(동국대 문과대학장)

20세기의 국제정세는 강력한 서세동점/양육강식의 시대로서 제국/국가주의의 각종 모순/부조리로 점철했다. 온전한 국가/민족의 자유, 민주, 평화는 강력한 안보/경제적 힘에 의해서만 보장받았다. 구한말/일제강점기 해외로 이주/이동한 한인들의 역사는 그러한 제국/국가주의적 힘의 논리가 만들어낸 '負'의 기록이다. 특히 하와이/멕시코로 노예처럼 팔려 갔던 한인 노동자들과 일제강점기 유역/유민화로 내몰렸던 역사는 간고함 그 자체였다. 오늘날 전세계 740만여 명의 한인/커뮤니티는 과거의 역사적 지점과 직/간접적으로 맞물려 있고 '세계한상대회'를 비롯해 '월드옥타OKTA'의 글로벌리즘, 'K'표상의 브랜드 가치K팝, K컬쳐, K패션, K푸드도 역사의 연장선에서 형성된 경쟁력이다.

MARUHAN의 한창우 회장은 그러한 냉전/탈냉전 시대를 불사조처럼 살아온 글로벌 기업인이다. 2022년 현재, MARUHAN 매출 50조! 일본 재계 랭킹 10위! '夢'의 실현! 화려한 성공 신화를 자랑하는 한창우 회장의 도전력과 인간주의는 한 편의 드라마이기에 충분하다. 이 자리에 한창우 회장님을 모시고 MARUHAN의 글로벌 가치/세계관과 현실주의적 휴먼 정신을 청해 본다.

● **1차 대담** 2022년 10월 21일(금) ● **장소** 한창우 회장 자택(교토)

김환기　회장님 안녕하십니까. 동국대 일본학연구소 창립 40주년 행사 때 특별강연을 해 주셨는데 벌써 3년이 지났습니다. 강연회가 끝나고 회장님께서 저희를 특별히 교토京都로 초청해 주셨는데, 코로나 펜데믹으로 무산되고 말았습니다. 늦긴 했지만, 이렇게 교토 자택에서 회장님을 뵙고 말씀을 들을 수 있어 다행이라 생각합니다. 오늘 1946년 해방 직후 고향 삼천포의 밀항선 이야기부터 '루체RUCE' '마루한MARUHAN'에 얽힌 휴먼 스토리를 듣고 싶습니다.

한창우　세월 참 빠르네요, 그 강연회가 벌써 3년 지났습니까. 그때 동국대에서 교수/학생들 앞에서 〈눈은 세계로, 가슴은 조국으로〉라는 주제로 강연을 했었지요. 고향 삼천포 얘기며 마루한 관련 이야기를 했던 것 같습니다. 그동안 한국의 많은 대학에서 초청을 받는데 사실 응하지 않았어요. 그런데 김환기 학장이 몇 번씩 전화하고 일본학연구소 40주년 행사에 꼭 와야 한다고 해서 응했는데, 그때 평소 뵙고 싶었던 공로명 장관도 만나고, 동국대 이사장/총장과 신라호텔에서 저녁도 했었지요. 그리고 참, 강연회가 끝나고 엠배서더 호텔 디너장에서 내가 '산타루치아'를 불렀고, 왕청일일본학연구재단 이사장이 한복을 입고 심청전 판소리를 하지 않았소. 하하핫!

　돌이켜보면, 16살 철모를 때 고향삼천포을 떠나, 일본서 대학을 마치고 클래식 카페 '루체'로 시작해 '마루한'을 일으키기까지 참으로 간난신고艱

難辛苦였어요. 여기까지 용케도 왔구나 싶은데, 역시 버팀목이 되어준 가족들, 인연들, 고향조국의 힘이 있었기에 가능했다고 생각합니다. 저와 함께 해주신 모든 분들께 감사드립니다.

김환기 말씀처럼, 회장님께서는 1930년 경남 삼천포에서 태어나 16세 되던 초가을 정확히 10월 말 이맘때쯤에 일본행 밀항선을 타셨는데요. 사실 1947년, 해방 직후의 밀항선은 표류 난민의 이동 수단이었고 도전과 모험의 상징이지 않습니까? 정말이지 작은 쪽배를 타고 현해탄을 넘는다는 것은 목숨을 건 탈출이었다고 생각합니다. 1947년 10월 이맘때쯤 고향 삼천포에서 일본행 밀항선을 탔으니까 거기에는 분명 특별한 사연이 있었을 것 같은데요.

한창우 1947년 해방 직후의 한반도는 좌우익의 대립과 충돌이 빈번했었고 "좌익이 바로 정의로 여겨지는 분위기"였어요. 당시 중학교의 데모 주동자로 몰린 나는 우익 세력의 표적이 되었고, "한창우, 다음에 학교에 나오면 죽을 줄 알아"라는 협박까지 받았어요. 돌이켜보면, 일본행 밀항선을 탄 것은 그러한 우익 세력들의 습격을 피하기 위함이기도 했어요. 당시 열 살 많은 형창호은 "조선은 일본보다 백 년은 뒤쳐졌다"는 말을 입버릇처럼 했고, 해방 후 일본에서 귀국한 동포는 후안동포厚顔同胞로 불리며 "우리 먹을 것도 없는데 왜 돌아왔냐"며 불청객/식객 취급을 받았을 때였

글로벌 리더가 말하는 한국

교토 한창우 회장 자택

어요. 결국 어머니도 "일본으로 가는 게 창우에게 좋을지도 모르겠다"고 해서 일본행을 결심했던 겁니다. 그렇게 짐가방 속에 책과 공책, 소중한 영일英日사전 하나를 넣고, 부모님께서 넣어주신 쌀 두 되를 챙겨 밀항선을 탔습니다. 삼천포항을 떠난 밀항선은 나뭇잎처럼 흔들리는 작은 배였는데, 선창은 돼지우리 같았고 현해탄을 건너는 동안 얼마나 흔들렸던지 멀미로 위액까지 쏟아내야 했습니다. 지금도 '쌀 두 되'를 챙겨주신 어머님의 마음을 잊을 수가 없어요.

당시 제가 탔던 밀항선이 시모노세키항下関港에 도착한 것은 1947년 10월 22일입니다. 저로서는 이날을 평생 잊을 수 없지요. 하현달이 청명했던 그날 밤, 시모노세키의 작은 여관방에 들어가서, 주인에게 어머님이 챙겨주신 쌀을 내놓으며 밥을 부탁했던 기억이 납니다. 그곳에서 삼천포의 고향 형님이 시키는대로 외국인등록 절차를 마치고, 고향에서 신고 온 축구화를 팔아 챙긴 돈으로 기차표를 구입했어요. 그렇게 도쿄東京를 거쳐 이바라기현茨城県 도모에 마을巴村로 갔던 겁니다. 논밭이 가득한 도모에 마을은 작은 시골 마을이었는데, 그곳에서 재일교포 아이들에게 한국어를 가르치며 머물게 되었어요. 그런데 그 무렵에 이런 시골 마을에 머물러봤자 희망이 없다며 검정고시를 거쳐 대학에 들어가기로 결심했던 겁니다.

당시 많은 조선인 학생들은 메이지明治대학, 주오中央대학, 호세이法政대학을 다녔는데, 나는 조선장학회 직원의 조언에 따라 호세이대학 정치경제학과를 들어갔어요. 대학생활 5년간 이시오카시石岡市에서 하숙을 하며 도쿄의 호세이대학까지 통학했어요. 나중에는 도쿄의 가쓰시카구葛飾区 아라카와강荒川江 근처로 이사를 갔지만. 그런데 지금도 기억이 생생합니다만, 그곳은 강가였던지라 모기가 얼마나 많던지 밤마다 모기와 사투를 벌이며 괴로워했답니다. 당시 호세이대학은 좌익계 교수의 집결지 같은 역할을 했었는데, 다행히 나는 학비/생활비를 창호 형과 매형박종선이 도와주었기 때문에 학업에 집중할 수 있었어요. 지금 생각해도 형님과 매형이 참으로 고맙습니다. 물론 나도 생활비를 아껴보려고 이바라기현 시장에서 양배추와 된장을 사서 일주일을 보낼 만큼 철저하게 절약을 했었지요.

당시 영양실조와 결핵성 뇌막염으로 입원 생활을 반복하기도 했는데,

생각해보면 입원 생활을 하면서 마르크스, 엥겔스, 레닌 관련 서적을 쌓아놓고 있었는데, 간호사가 "이렇게 고리타분한 책을 읽고 있나?"라며 깔깔거리며 웃곤 했어요. 클래식 음악에 흠뻑 빠지게 된 것도 그 무렵 병원에 입원했을 시기였습니다. 병원 침대에 누워 항상 클래식 음악을 들었으니까, 바이올린 연주만 들어도 곧바로 연주자가 누군지 알아맞힐 정도였어요.

김환기   삼천포에서 어머님이 삯바느질을 하며 가계를 꾸려야 했던 가난한 소작농의 아들이 밀항선을 타고 일본에 도착해, 그야말로 '꿈'을 향해 도전장을 내민 것인데요. 힘든 생활을 꾸리면서도 보란 듯이 명문사학 호세이대학에 입학도 했습니다. 사실 호세이대학에는 개인적으로 인연이 깊은 가와무라 미나토川村湊 교수가 있습니다. 2010년 동국대 교수로서 첫 연구년을 호세이대학에서 보냈는데, 그때부터 가와무라 교수와 브라질/아르헨티나를 비롯해 중남미지역의 한국계/일본계 이민문학을 조사하며 많은 추억을 쌓았거든요. 회장님께서 호세이대학을 졸업하셨는데 아드님한유도 그렇고요, 언젠가 우에노에서 가와무라 교수와 저녁을 하는데, 한창우 회장님과 아드님이 호세이를 나왔다며 무척 자랑스럽게 얘기했습니다. 회장님은 호세이대학에 다니시면서 정말 큰 미래를 꿈꾸셨던 것 같은데요. 그 무렵 구체적으로 어떤 미래를 설계하셨는지, 냉전시대 '적국'의 땅에서 심한 민족차별을 겪으며 힘든 일도 많았을 텐데요.

한창우   사실 고향삼천포에서는 히노데日曲 보통학교를 다녔는데, 일제강점기 황민화 정책이 진행되면서 매일 '황국신민서약' 3개항 "우리들은 대일본제국의 신민입니다. 우리들은 마음을 천황폐하에게 충성을 다합니다. 우리들은 인고 단련해 훌륭하고 강한 국민이 되겠습니다"를 제창했습니다. 일제의 토지조사사업으로 마을 사람들 대부분은 소작농으로 전락했고, 굴욕적인 창씨개명까지 정말로 민족 말살은 잔혹했고 집요했습니다. 그래도 삼천포에 살면서 좋아하는 축구도 하며 정미소를 운영했던 분손경섭의 도움으로 중학교도 진학했는데, 성적은 항상 1등이었다니까요. 하하핫!

돌이켜보면, 호세이대학을 다녔던 것은 제게 무척 소중한 시기였고 경험이었습니다. 지식도 쌓았지만 청소년기에 미래의 꿈을 키우는 시기였으니까요. 삼천포의 소작농 아들로 자라 정신적으로는 여전히 프롤레타리아트Proletariat에 가까웠다고 할 수 있는데, 대학 시절에도 스탈린이나 모택동 같은 역사적인 영웅정치가이 자주 꿈에 나타났어요. 한국민족 자체가 정치를 좋아했던 것 같기도 하지만, 저 역시 평소에 "일본인이 경제적인 동물이라면 한국인은 정치적인 동물이 아닐까" 생각할 정도였으니까요. 그렇지만 당시 시대 사정은 호세이대학을 졸업해도 취직이 힘들었어요. 도쿄대학 같은 국립대학을 졸업해도 취직이 힘들었던 시대였고, 게다가 재일교포라고 하면 사회적인 차별이 심했기 때문에, 제아무리 똑똑해봤자 취직은 불가능했지요. 그리고 한반도에서 6·25전쟁이 터졌지 않습니까. 그 무렵 저는 이러다가 영영 귀국도 못 하는 건 아닐까, 앞으로 어

동국대 일본학연구소 창립 40주년 기념 강연회

떻게 살아가야 하는 건지, 삼천포의 부모님은 괜찮으신 건지, 좋아하는 마르크스 공부는 계속할 수 없는 건지, 이런저런 고민을 참 많이 했었습니다. 재일교포라 취직도 힘들고 그렇다고 한국으로 돌아갈 상황도 아니었으니 고민이 깊어질 수밖에 없었지요.

김환기 3년 전, 동국대 〈일본학연구소〉 강연회를 준비하면서 회장님의 자서전 『16세 표류 난민에서 30조 기업가로』를 정독했습니다. 회장님의 유소년기부터 현재까지의 희로애락喜怒哀樂의 여정이 담겼는데, 처음으로 사회생활을 했을 무렵의 얘기가 인상적이었습니다. 회장님께서 프랑스 유학을 꿈꾸며 한적한 시골 마을에서 소규모의 '파친코'를 운영하는 사촌 형님께 유학비용을 부탁했을 때, 보기 좋게 퇴짜를 맞으셨잖아요. 하하 핫! "네가 유학은 무슨 유학이냐며 여기서 일이나 해"라는 내용이었습니다. 그랬었구나, 회장님은 이렇게 해서 파친코의 길로 접어들었구나, 했습니다. 그런데 놀라운 것은 이테리식 카페 '루체'가 첫 사업이었고, 그 후 대형 '볼링장'까지 운영을 하셨더군요. 결국은 볼링장 때문에 엄청난 부채를 떠안으셨고, 긴 시간 은행 빚을 갚느라 무척 고생하시지 않습니까. 결과론적이지만 그 무렵 유학을 포기하고 사업가로서 출발한 것은 잘했다고 할 수 있는데, 당시에 사업을 결심하게 된 특별한 계기가 있었는지, 사업을 어떻게 성공적으로 이끌었는지 궁금합니다.

한창우 대학을 졸업하고 이런저런 고민에 빠졌을 무렵, 어떤 계기였는지 모르겠지만 패션업계에 관심을 가지게 되었어요. 당시 패션계에 관심을 가지면서 신문/잡지에 등장하는 여성의 A라인이라든가 H라인 등 이런 기사들을 잔뜩 오려놓았는데, 그런 기사만 책 한 권은 족히 됐을 겁니다. 그 무렵 한국으로 돌아갈 수 없다면 프랑스로 유학을 가야겠다고 생각했지요. 진지하게 패션 컨설턴트를 공부할 생각이었습니다. 여성 손님들에게 "당신에게는 이런 헤어스타일이 어울립니다." "옷은 이런 색이 어울립니다"라고 조언해 가며, 라이프 스타일이며 종합적인 패션 코디네이터가

글로벌 리더가 말하는 한국

되어 패션 관련 인재를 양성하는 학교를 세우고 싶었습니다. 결핵으로 입원했을 때부터 클래식 음악을 좋아했고, 실제로 유명한 클래식 음악평론가 호리우치 게이조堀内敬三의 음악 전집이며, 프랑스의 인상파 화가들의 그림을 좋아해 세계미술전집도 구입하고 애독했었거든요. 그렇게 나와 서양 예술은 만났던 겁니다.

하지만, 돈 한 푼 없는데 프랑스 유학비용을 어떻게 마련하겠어요. 순이 누나자형는 이바라기현 도모에 마을에서 감자탕집을 운영하다 교토의 미네야마峰山町로 옮겨 단고반도丹後半島에서 도로 공사 하청업이나 토목일을 했습니다. 내가 미네야마를 방문했을 때, 매형은 누나와 떨어져 살면서 혼자서 작은 파친코 가게를 운영하고 있었습니다. 말하자면 미네야마에 살고 있는 순이 누나매형에게 유학비용을 빌릴 참이었어요. 그런데 당시 미네야마는 유명한 단고 비단 직물의 산지였고 단고지방의 경기가 아주 좋았던 겁니다. 당시 비단 짜는 기계가 한번 회전하며 덜커덩 소리를 내면 10만 원이 떨어진다는 소문이 날 정도로, 비단 직물의 수요가 많았던 때입니다. 그 지방 요정에는 200명이 넘는 게이샤들이 손님을 맞을 정도였으니까 경기가 좋았던 거죠.

매형은 그곳에서 '센바千波'라는 간판을 내걸어 작은 파친코 가게를 바쁘게 운영하고 있었어요. 나는 그때까지만 해도 파친코를 한 번도 해본 적이 없었는데, 어쨌거나 용기를 내서 매형에게 "패션 공부를 하기 위해 파리로 유학하고 싶어요. 부탁인데 유학 자금 좀 빌려주세요"라고 했더니,

그때 매형의 반응이 어땠는지 아세요. "패션이라니? 요즘 세상에 그런 걸 공부하는 바보가 어디에 있어? 유학 비용? 그런 돈이 어디에 있냐!"며 정색을 했답니다. 하하핫!

그때 나도 모르게 제 입에서 뛰어나온 말! "그럼 몇 개월 동안 여기에 일하게 해 주세요"였답니다. 그렇게 나와 파친코의 길고 긴 인연이 시작된 겁니다.

김환기 그렇군요. 회장님의 파친코와의 길고 긴 인연의 시작이 그렇게 시작된 거군요. 그런데 프랑스로 유학 가 패션어드바이저를 꿈꾸다 갑자기 파친코는 너무 지나친 급반전 아닌가요. 하하핫! 어쨌거나 그렇게 회장님의 운명적인 파친코 사업, 사업가로서의 첫 단추가 끼워지게 된 것이군요. 그 후 본격적인 사업가로서의 승부사 기질이 빛을 발하게 됩니다. '일일부작 일일불식一日不作—日不食'을 슬로건으로 내걸고 착실하게 한 걸음씩 앞으로 나아가게 됩니다. 카페 '루체'를 개업한 것도 그 무렵이겠네요?

---

1 중국 당나라의 백장 회해선사(百丈 懷海禪師)는 "일일부작 일일불식(一日不作 —日不食) : 하루 일하지 않으면 그날은 먹지 않는다"고 설하고 이를 솔선수범했다. 백장 선사는 90세의 노구에도 낮에는 일하고 밤에는 수행하는 등, 다른 대중과 함께 울력에 참가했다. 이를 안타깝게 여긴 제자가 백장 스님이 사용하던 농기구를 모두 감추어 버리자 스님은 그날 방에서 나오지 않고 식사도 하지 않았다. 제자들이 이유를 묻자 "내가 아무런 덕도 없는데 어찌 남들만 수고롭게 하겠는가? 하루 일하지 않으면 하루 먹지 않는다"라고 대답했다고 한다. 사마천의 『사기』에는 "일일부작 백일불식(—日不作 百日不食) : 농부가 하루 일을 쉬면 백 일 동안의 양식을 잃는다"라는 뜻이다. 미리 준비하지 않으면 나중에 곤란해지니 '제철을 놓치지 말고 일하라'고 경책하는 말이다.

일본 최대의 볼링장을 개업하고 빚더미에 앉은 것도 그렇고…. 초창기 회장님의 사업이 순조롭게 진행된 것만은 아니었지만, 어쨌든 결과만 놓고 본다면 숱한 역경과 시련을 겪으면서도 불사조처럼 이겨냈습니다. 대단하십니다.

한창우 돌이켜보면 참으로 아득한 세월이었습니다. 지금도 눈물이 납니다. 좀 창피한 이야기지만 매형의 파친코 가게 '센바'에서 정말로 열심히 일했어요. 아침 5시에 일어나 구슬을 닦는 일부터 시작해 파친코 기계마다 구슬을 채워 넣고, 낡은 파친코 기계는 손님들이 "구슬 내려, 구슬 채워!"라고 지시하면 구슬을 내리고 채우기를 한없이 반복했지요. 그 일을 하루종일 하고나면 허리를 못 펼 정도로 피로감이 몰려왔어요.

그러던 어느 날, 파친코 라이벌인 히카리光가 점포를 확장해서 '센바'의 손님들이 그쪽으로 가버리는 사건이 벌어집니다. 매형은 큰 쇼크를 받고 가게를 접고 한국으로 돌아가야겠다고까지 했습니다. 매형은 500만 원에 파친코 가게를 팔려고 했었어요. 그때 저는 돈 한 푼 없었지만 매형에게 이런 제안을 했습니다. "지금은 돈이 없지만 가게를 저에게 맡겨주세요"라고. 매형은 나이도 어리지만 파친코 장사가 얼마나 어려운지 아느냐며 호통치며 대꾸도 하려고 하지 않았습니다. 그래도 저는 굴복하지 않고 매형에게 "꼭 성공하겠습니다. 성공하면 가게 인수 비용을 두 배로 돌려드릴게요. 제게 맡겨주세요. 히카리를 이길 자신이 있다"고 단호하게 말했지요. 그렇게 매형으로부터 어렵게 '센바'를 인수했고, 정말로 "죽음을 각오하면 살게 되고 살고자 하면 죽는다"는 말처럼 죽기 살기로 뛰었어요. 그때 저는 '센바'의 "맘보바지 젊은 점장"으로 불리며 손님들로부터 마음을 샀습니다. 결국 쏟아지는 구슬에 손님들은 환호했고 서비스로 구슬을 주기도 하고 담배를 제공하면서 경쟁업체 히카리를 보란 듯이 앞지르게 됩니다. 파친코점 '센바'는 처음 운영해 본 가게였지만 점점 번창해 갔어요. 운이 좋았던 게지요. 그때부터 저는 항상 "손님에게 감사해야 한다"는 마음을 잊지 않기로 다짐했습니다.

김환기　회장님께서는 그 무렵 '센바'와 함께 미네야마峰山에서 클래식 카페 '루체'도 그 지역에서 센세이션을 일으켰지 않으셨습니까. 당시 관서지방에서 루체의 명성은 대단했다고 들었습니다.

한창우　클래식 커피숍 '루체'는 1957년 5월에 미네야마의 요정 거리 근처에 오픈했습니다. 본래 클래식을 좋아했고, 레코드판도 많이 가지고 있었기에 파친코점 '센바'에 이어 취미생활 겸 실질적인 이익을 얻고자 신규사업으로 시작했던 겁니다. 사실 루체는 교토에서도 처음으로 생긴 클래식 커피숍으로서, 클래식, 재즈, 샹송을 틀면서 손님들로부터 폭발적인 인기를 끌었어요. 당시 클래식 커피숍은 획기적인 아이디어였거든요. 당시 우동 한 그릇 200원인데 커피값을 600원을 받았는데도 '루체'는 손님들로 가득찼습니다. 1964년 도쿄올림픽이 개최되던 해 여름, '루체'는 새롭게 지은 건물에 자동문을 설치해 신장개업을 했는데, 고베神戸, 오사카大阪, 교토京都까지 입소문이 퍼져 종업원을 50명으로 늘려야 했을 정도였어요. 세계 최고 수준의 브랜드 상품을 진열하고 에어컨까지 틀면서 고급요리를 내놓으며 손님들의 시선을 사로잡았습니다. 당시 '루체' 레스토랑 종업원들에게 특히 강조했던 것은 청결한 옷차림이었어

마루한 그룹의 첫 출발 클래식 커피숍 「루체」
(한창우 기념관)

요. 그것은 현재까지도 MARUHAN의 전통으로 이어지고 있습니다.

미네야마는 평생을 함께 한 아내 스즈키 나가코鈴木祥子를 만난 장소이기도 합니다. 처가집의 장인은 우리의 교제를 반대했었는데, 장인이 "친척 중에 한 명도 한국 사람과 결혼한 사람이 없다. 그래도 결혼을 하겠다면 부모와의 인연을 끊을 수밖에 없다"는 말을 듣고, 끝까지 그녀를 지켜주기로 결심했습니다. 그때 저는 그녀에게 "부모와의 인연을 끊어도 좋으니 집을 나와서 나와 결혼합시다. 내가 반드시 당신을 행복하게 해줄게

요"라고 하면서 그길로 곧장 담판을 지으러 장인을 만나러 갔었답니다. 나의 러브스토리! 하하핫! 결혼식이 끝난 후, 우리는 규슈九州로 신혼여행을 갔고 오우라 천주당大浦天主堂에 있는 그라바 공원을 산책했어요. 세계적인 작곡가 자코모 푸치니Giacomo Puccini의 오페라 「마담 버터플라이」원작은 존 루더 롱(John Luther Long)의 소설 「마담 버터플라이」[2]가 탄생한 곳이잖아요.

그렇게 미네야마는 사랑하는 사람과 결혼해 장남 한철이 태어난 공간이고, 파친코 '센바'를 비롯해 '루체'도 손님들께 인기를 끌며 루체빛가 번창했던 마루한 창업의 땅입니다. 말하자면 미네야마의 파친코점 '센바'와 클래식 커피숍 '루체'가 마루한의 여명黎明이었다고 할 수 있습니다. 그래서 미네야마의 카지노점은 마루한 제1호점이며, 마루한의 창업이 이루어진 역사적인 땅! 입니다.

김환기 회장님의 기업가로서 '꿈'을 향한 도전은 미네야마에서 시작해 마침내 일본 굴지의 '마루한' 그룹을 일으켰습니다. 2022년 마루한은 매출 30조를 달성하는 대기업으로 성장했는데 그저 놀라울 따름입니다. 후지산 기슭 일본 최고의 '다이헤이요 고텐바 골프장Taiheiyo Club Gotenba'을 비

---

2 소설 「마담 버터플라이(Harakiri, Madame Butterfly)」는 푸치니가 작곡한 2막 3장의 오페라. 일본의 기녀(妓女) 나비 부인이 미국의 해군 장교 핑커턴에게 버림받아 스스로 목숨을 끊기까지의 비극적 이야기를 그린 것으로, 1904년에 밀라노에서 초연되었다. 「마담 버터플라이」는 미국에서 제작된 프리츠 랑 감독의 1919년 드라마 영화도 있다.

롯해 20개의 골프장! 캄보디아 최대의 은행! 일본 최대 규모의 파친코! 마루한의 신화는 지금도 계속되고 있지 않습니까. 이렇게 거대하게 성장한 마루한 기업에 회장님의 발걸음이 미치지 않은 곳이 없을 텐데요. 지금의 마루한은 회장님의 네 자녀분이 경영하고 있다고 들었습니다. 회장님의 가족애가 특별했던 만큼, 마루한의 미래는 변함없이 인간주의에 근거한 글로벌 경쟁력으로 한층 번창할 것이라 생각합니다. 회장님께서는 한평생을 바쳐 일궈낸 마루한의 성공신화, 그 글로벌 경쟁력의 원천이어디에 있다고 보시는지, 앞으로 마루한의 미래를 어떻게 내다보고 계시는지 말씀을 듣고 싶습니다.

한창우 사실 '마루한'이라는 회사명은 특별한 의미를 담고 있습니다. 내 사업은 모두가 둥근 것과 관계가 있는데, 보세요, 파친코도 구슬, 골프공도 구슬, 볼링공도 둥글지 않습니까. 건강부회牽强附會일지 모르겠으나 인간관계도 원만해야 하고 지구도 둥글잖아요. 장래에 우리 마루한이 세계적으로 비약해야 한다는 바람을 담아 '둥그렇다'는 뜻의 일본말 '마루丸'에 내 성姓 한韓을 붙여 마루한이라는 회사명을 완성했습니다. 2021년에 마루한은 신체제로 크게 4개 컴퍼니로 조직을 정비했는데, 각각 아들 넷이 중심이 되어 경영하고 있습니다. 마루한 동일본 컴퍼니사장 한유, 북일본 컴퍼니사장 한준, 서일본 컴퍼니사장 한호, 금융 컴퍼니사장 한건입니다. 마루한은 현재 50조 매출의 대기업으로 성장했지만, 이렇게 번창하기까지는 앞서 말했듯이 죽을 고비를 여러 번 넘겼어요.

정말이지 볼링장을 실패했을 때는 자살까지 생각했었습니다. 당시 새로운 레저사업이 활성화될 것을 예감하고 과감하게 볼링 사업을 시작했어요. 1967년 처음으로 효고현兵庫県 도요오카시豊岡市에 16레일1레일에 1억 원 이상 규모의 '도요오카프랜드볼링장'을 오픈했고, 연이어 '미네야마프랜드볼링장', '가이바라프랜드볼링장'을 개장했었어요. 당시 시내의 교토호텔을 사장실 삼아, 각 볼링장과 레스토랑 루체, 카지노점을 점검하면서 일본 최고의 볼링 사업가가 되겠다며 전국으로 땅을 보러 다녔어요. 제일 먼저 볼링장은 토지를 확보해야 하니까 규슈九州와 주고쿠中國지방, 산인山陰, 긴키近畿, 도카이東海지역 구석구석을 찾아다녔어요. 그 결과 1972년 니시하라西原산업 주식회사 설립과 동시에 시즈오카현静岡県에 120레일을 갖춘 최신 '세신프랜즈볼링장'을 오픈했습니다. 그런데 철석같이 믿었던 미래의 레저산업 볼링장의 꿈은 여지없이 무너지고 말았습니다. 1973년 5월 연휴를 계기로 손님이 급격히 줄었고, 10월 1차 오일 쇼크가 세상을 뒤흔들면서 볼링장을 위해 투자했던 200억 원을 비롯해, 당시 600억 원현재의 1조원 정도의 부채를 떠안고 말았습니다. 친구들과 지인들도 굴욕적인 말만 내뱉고 내 곁을 떠났지요. 삶을 포기할 수밖에 없었습니다. 죽음만이 관계자들에게 사죄받는 길이라 생각해 자살할 방법을 찾고 있었어요.

그런데 자살을 할 수가 없었습니다. 왜? 이유가 있습니다. 미네야마의 루체 3층에는 사랑하는 아내와 다섯 명의 애들이 뒹굴고 있는데…. 천진

난만한 아이들의 모습을 보면서 자살을 결행할 수 없었어요. 결국 우리 아이들이 내 목숨의 은인이었습니다. 게다가 제가 자살하면 회사는 당연히 망할 것이고, 미네야마에는 재일교포며 일본 친구들이 보증을 해주었는데, 그들까지 연쇄적으로 포기해야 하는 상황이 벌어집니다. 그런 걸 생각하니 무책임하게 자살을 할 수가 없었어요. 그렇게 부도를 내고 파산하기 직전에, 저는 "영원히 무거운 십자가를 짊어지게 되더라도 살아남아야겠다고 결심했고, 언젠가 아이들에게 지옥에서 살아 돌아왔고 아수라장을 피땀으로 이겨냈다고 이야기할 수 있는 아버지가 되고 싶었습니다"

"쥐구멍에도 볕들 날 있다"했잖아요. 하하핫! 돈을 빌려준 니치멘日綿 실업의 가계부 담당 마쓰카와松川 부장이 "우리는 당신의 성실함을 신용했기 때문에 한국에서 온 당신에게 돈을 빌려준 거라고. 당신은 아직 마흔두 살밖에 안됐어. 그렇게 젊은 나이에 약한 모습을 보이면 안되지. 우리는 아직 당신을 믿어요. 노력하세요. 우리는 당신 편입니다. 최선을 다해 보세요"라는 겁니다. 구세주가 따로 없었지요. 순간, 저는 소설을 많이 읽는 편은 아니지만, 헤밍웨이Ernest Hemingway의 『노인과 바다』를 떠올렸습니다. 한 노인네 어부가 대서양 한복판에서 거대한 다랑어와 싸우고, 그 다랑어를 습격한 상어와 사투를 벌인 끝에 살찜은 다 떨어져 나가고 앙상한 뼈밖에 없었지만, 어쨌거나 거친 바다 위에서 온갖 시련을 견뎌내 항구로 돌아오는 노인네 산티아고가 떠올랐습니다. 그때부터 내 스스로의 정신력과 투지로 이 난관을 헤쳐나가기로 결심했던 겁니다. 당시 천문

『16세 표류난민에서 30조 기업가로』
(서울문화사, 2009)

학적인 빚을 갚고 재차 마루한을 일으킬 수 있어 참으로 다행입니다만, 당시 제가 재기할 수 있도록 용기를 주신 니치멘 실업의 마쓰가와松川 부장, 고쿠후幸福상호신용의 요네모리米盛 부장, 다지마但馬신용금고의 마야가키宮垣 이사장 등 은혜를 잊을 수가 없어요.

지금 생각해보면, 미네야마에서 출발한 마루한이 매출 50조를 이룬 것은 정말이지 '꿈' 같은 일입니다. 제 나이가 올해 93세인데, 지난 세월을 돌이켜보자니 마루한을 둘러싼 희노애락喜怒哀樂이 주마등처럼 스칩니다.

김환기　사실 다른 사업보다도 파친코 사업은 특히 많은 어려움이 뒤따랐을 것으로 생각합니다. 최근 미국의 한인 작가 이민진이『파친코』라는 소설을 출간했는데, 드라마로 각색되어 매스컴을 타면서 세계적인 인기몰이를 하고 있습니다. 소설『파친코』에는 나고야名古屋의 '코스모스 파친코점'와 오사카大阪의 '파친코점'이 등장하는데, 제주도 출신 고한수가 뒷골목의 야쿠자가 되고, 민족차별을 받기 싫은 노아고한수의 아들가 끝내 자살로 삶을 마감하는 장면이 매우 인상적입니다. 민족적 커뮤니티인 민단과 조총련의 대립과 갈등도 그렇고, 사랑하는 사람이 북한으로 귀국한다는 점도 그렇고요. 아무튼 일제강점기부터 해방을 거쳐 온갖 시련을 극복하고, 현재를 살아가는 재일코리안의 한 가족사를 리얼하게 그려낸 작품으로 평가받고 있습니다. 회장님께서는 마루한을 성공적으로 이끄시면서도 '민단개혁론'을 주창하기도 했으며, 동시에 전 세계 한인들을 향한 관심과 지원, 한국과 일본의 공생 등, 일본에서 민족차별을 겪으면서도 항상 넓은 시선으로 글로벌 시티즌의 가치/세계관을 강조하셨습니다. 현실주의를 근간으로 휴먼 정신을 보여주셨다고 생각합니다.

한창우 일제강점기 수많은 조선인들이 극동 연해주와 만주대륙으로, 그리고 일본으로 국경을 넘어 이주/이동했습니다. 대부분이 일제의 수탈에 농지를 잃고 궁지에 몰린 농민들이었습니다. 실제로 그분들이 재일교포 사회를 만들기 시작했던 것입니다. 당연히 민족차별이 있었지요. 한 예를 들어볼까요. 교토 마이즈루시舞鶴市에 파친코점을 오픈했을 때였습니다. 야쿠자들이 파친코 종업원들을 괴롭히기 시작했고, 협박이 잦아 오픈 5개월 만에 폐점을 경험하기도 했어요. 미네야마에 청년회의소가 발족할 때 그동안 지역에 많은 기부도 했었는데 입회를 거부당하는 일도 있었고, 생각해보면 민족차별이 심했던 것이지요. 일본 로타리 클럽은 재일교포들의 입회를 허락하지 않았고요. 그동안 경영자로서 받은 민족차별은 정말 적지 않았어요. 특히 은행에서 그랬는데요. 언젠가 교토의 은행에 방문한 적이 있는데, 그 은행은 보증인만 있으면 2, 3천만 원을 대출해 주었는데, 나한테는 융자를 해주지 않더라고요. 한국인이라서 그런가, 업종이 파친코라서 그런가, 그 이유는 지금도 알 수 없지만, 어쨌거나 융자를 받지 못했어요. 그때 정말로 일본은행들이 불공정하다고 생각했습니다. 말하자면 일본 사람들이 다른 사람들로부터 신용을 얻기 위해 필요한 힘이 10이라면 재일교포는 12 내지 13의 힘이 아니고선 절대 대등할 수 없었던 겁니다. 그들이 여덟 시간 일한다면, 재일 교포는 열두 시간을 일해야 동등한 평가를 받을 수 있다는 거지요. 되돌아보면, 재일교포로서 그렇게 남자의 오기로 "민족차별을 오히려 교훈으로 삼고 불공평에 반발하면서 나 자신을 성장시켜 왔던 것"같습니다.

그리고 재일교포 사회는 전 세계 한인 사회에서도 유복하다고 생각합니다. 매년 한국 정부로부터 경제적인 지원을 받고 있습니다. 저는, 재일교포는 이제 한국 정부로부터 지원을 받지 않아도 된다고 생각합니다. 오래전 이야기지만, 한국이 IMF 경제위기를 맞았을 때, 한국 정부 관계자들에게 "이제 재일교포는 가난하지 않습니다. 한국이 경제위기를 맞았는데 굳이 재일 한국인 사회를 지원할 필요가 있습니까? 민단에 정부 보조금은 더 이상 필요 없습니다. 일본에 보조금을 보내지 말고, 중앙아시아의 우즈베키스탄이나 카자흐스탄처럼 가난한 한민족을 지원하는 것이 낫지 않습니까?"라고 했어요. 21세기의 민단은 변해야 합니다. 드러난 결점은 고쳐야 하고, 민단 단원들에게 폐를 끼친 사람들은 민단조직에서 탈퇴

해야 합니다. 민단조직의 금융기관에서 융자를 받으면서 변재할 의사가
없는 사람들은 도의적으로 책임을 져야 합니다. 민단조직이 부패하는 것
은 수치를 수치로 느끼지 못하는 사람들이 있기 때문입니다. 이제 민단은
재일한국상공회의소에 재정적인 운영을 맡기고, 그 수익금이 들어오는
조직으로 만들어야 합니다. 그렇게 해서, 민단이 재일교포 노인들을 돌보
고 민족교육에 힘을 쓸 수 있어야 합니다.

김환기　회장님께서는 일본 국적을 취득했지만, 한민족의 일원으로서 조
국에 대한 사랑이나 자부심이 누구보다 강합니다. 실제로 한창우라는 이
름으로 일본 국적을 취했지 않습니까. 교토 민단 부회장도 역임하셨고,
1984년에는 교토한국인상공회현 교토한국상공회의소 회장으로도 선출되셨습
니다. 또한 전세계 한인 경제인 단체인 〈세계한상대회〉도 첫출발부터 현
재까지 변함없이 대회장을 맡으시면서 이끄셨습니다. 현재 한국은 삼성
전자를 비롯해 현대자동차, SK하이닉스, LG전자, 포스코 등 글로벌 기
업들의 성장이 눈에 띕니다. 최근에는 원전산업의 수출과 항공우주사업
'KAI'의 전투기/군수장비 수출까지 놀라운 실적을 자랑하고 있습니다. 실
제로 회장님께서는 매년 개최되는 〈세계한상대회〉에서 한인들의 성공신
화를 공유하며, 모국과의 교류협력에 앞장서 오셨는데, 앞으로 지구촌을
무대로 활약하는 한상들은 어떤 가치/세계관이 필요하고, 어떻게 글로벌
경쟁력을 확보해야 한다고 보시는지 한 말씀 부탁드립니다.

한창우 사실 일본 국적을 가지면, 한국 사람으로서의 자부심과 위치를 버리게 된다고 생각하는 재일교포들이 많습니다. 그러나 국적과 민족은 다른 문제라고 봅니다. 교토상업고등학교에 다니던 아들 유한유. 둘째 아들가 고시엔전국고교야구대회에 출전했는데, 당시에 외국 국적 학생들은 출전을 못하는 규칙이 있었습니다. 그렇지만 규칙이 철폐되면서 출전했고, 역사상 처음으로 재일교포 선수가 한국명으로 야구장 전광판에 이름이 올라 엄청난 센세이션을 일으켰습니다. 그때 고시엔 결승전에서 아들이 소속된 교토상업고등학교와 가네무라가 이끄는 호토쿠報德고등학교와 붙었는데, 아쉽게 패하긴 했지만, 당시 양팀에 7명의 교포 선수가 있었습니다. 그때 저는 아이들이 일본에서 살아야 한다면 일본 국적을 가져야 한다고 생각했습니다. 당시 제가 유에게 "일본 국적으로 바꿔라"고 하니까, 유가 "왜 일본 국적으로 바꿔야해요? 일본 국적으로 바꾸면 우리 마음속의 민족의식이 없어지지 않을까요"라고 되묻더군요. 그래서 저는 예전부터 갖고 있던 생각을 이렇게 이야기했습니다. "일본 국적을 가지면 한국 사람으로의 자부심과 위치를 버리게 된다고 생각하는 재일교포들이 많다. 그러나 국적과 민족은 다른 문제다. 미국에서 산다면 미국 국적을 가져야 한다. 미국 시민권을 가지면 자유롭게 살 수 있고 시민으로의 권리를 행사할 수 있기 때문이다. 미국에 가면 미국 국적을 가지고 비즈니스계에서 활약하는 한국 사람들이 많다. 이제 그것은 세계적으로 보편화되었고, 마찬가지로 너희가 일본에서 사는 이상 일본 국적을 갖는 것은 당연한 일이

글로벌 리더가 말하는 한국

하와이 인하공원 「미주 한인 이민 100주년 기념조형물」

다"라고. 언제가 하와이에서 한국인 이민 100주년 기념식에 초대받았었
는데, 하와이 코리안 3세들 모두가 한민족으로서 자부심을 느끼며, 한복
을 입고 손에는 미국 국기를 들고 행진하는 모습을 보며 크게 감동한 적
이 있습니다. 하와이의 젊은 코리안 3세들이 행사장에서 유창한 영어를
구사하며 스피치를 했었는데, 그때 하와이 한국계 이민자들로부터 많은
것을 배웠습니다.

　저는 한창우 이름 그대로 일본 국적을 취득했습니다. 일본 국적을 취득
하고 정신적으로 변한 것은 하나도 없어요. 조국에 대한 사랑도, 한민족
으로서의 자부심도 변한 것은 없습니다. 변한 게 있다면 일본 국적을 가

진 한국계 일본 사람이 되었다는 것뿐입니다. 왜, 좀 더 일찍 일본 국적을 취득하지 않았는지 후회가 될 정도로 편해졌습니다. 사실 집사람은 일본 국적이었지만 이름을 스즈키 나가코鈴木祥子에서 한 나가코韓祥子로 변경했습니다. 내 국적과 집사람의 성을 바꾸면서 느낀 것은 일본 사회가 가지는 독특한 폐쇄적인 분위기였습니다.

하지만 내 마음속의 민족의식은 변함이 없었으니까, 민단에서도 그렇고 세계한상대회 등에서도 계속 활동을 했지요. 교토민단의 부단장을 비롯해 교토한국학원의 부이사장으로 취임한 적도 있고, 1984년에는 교토한국인상공회 회장으로 선출되었습니다. 그러고 보면 교토민단의 간부였던 셈이지요. 하하핫! 사실 저는 일본 국적 취득 문제는 민단중앙본부의 생각과 배치되는 점도 있었지요. 그렇지만, 저는 계속해서 "한국 국적이든 일본 국적이든 국적으로 벽을 만드는 것이 아니라, 같은 민족으로서 민족애를 가지고 하나가 되어야 한다. 일본 국적을 취득했더라도 우리의 뿌리와 언어를 잊어서는 안 된다. 우리의 정체성을 확실하게 갖기 위해서는 한국의 역사와 문화를 배워야 한다. 민단은 한국 국적을 가진 사람만의 단체가 아니라 민족 단체로서 움직여야 한다"라는 취지를 굽히지 않았습니다. 지금도 전세계 한인 경제인 단체인 〈세계한상대회〉에서 활동하고 있지만, 항상 민족의식에 근거한 "눈은 세계로, 가슴은 조국으로"라는 구호를 잊지 않고 있습니다.

김환기 2019년 4월 제가 마루한 교토 본사로 회장님을 찾아뵙고, 일본학연구소 창립 40주년 행사에 강연을 부탁했었습니다. 그때 회장님께서는 흔쾌히 강연을 수락해 주시면서 마루한 본사 2층에 마련된 〈한창우 기념관〉을 직접 안내해 주셨습니다. 회장님과 마루한에 얽힌 역사적인 장면들을 정갈하게 전시해 놓으셨는데, 당시 저는 김영삼 대통령과 인연이 무척 깊다는 인상을 받았습니다. 실제로 기념관에는 한국 정부로부터 수여된 '무궁화 훈장'을 비롯해 김영삼 대통령의 친필 묵서 '대도무문大道無門[3]과 함께 끝없는 그리움을 노래한 이태백의 한시 '장상사長相思'[4] 전문이 8쪽 병풍으로 정리되어 있었습니다. 또한 각 대학에서 받은 명

---

3 「대도무문(大道無門)」은 김영삼 대통령이 즐겨 언급했던 글귀로서 사전적 의미는 "큰 깨달음이나 진리에 이르는 데에는 정해진 길이나 방식이 없음"을 뜻한다.

4 〈장상사(長相思)〉
　　長相思(장상사) 생각사록 그대 그리워라.
　　在長安(재장안) 이 장안에 있자니.
　　絡緯秋啼金井闌(낙위추제금정란) 가을날 귀뚜라미 우물가서 울어대고
　　微霜淒淒簟色寒(미상처처점색한) 엷은 서리 싸늘하니 대자리가 차가워라!
　　孤燈不明思欲絕(고등부명사욕절) 외로운 등 그리움에 혼이 끊어지려는데.
　　卷帷望月空長嘆(권유망월공장탄) 휘장 걷고 달을 보며 부질없이 탄식하네.
　　美人如花隔雲端(미인여화격운단) 구름 끝 저 먼 곳의 꽃처럼 예쁜 님.
　　上有靑冥之長天(상유청명지장천) 위로는 푸른 하늘 길이길이 펼쳐 있고
　　下有淥水之波瀾(하유록수지파란) 눈 밑의 푸른 강엔 물결이 일렁이네.
　　天長路遠魂飛苦(천장노원혼비고) 하늘 길고 길은 멀어 수고로이 혼 날아도.
　　夢魂不到關山難(몽혼부도관산난) 꿈조차 관산에 이르기 어려워라.
　　長相思(장상사) 생각사록 그리운 임이여.
　　摧心肝(최심간) 생각마다 애간장이 끊어지네요!
　　日色已盡花含煙(일색이진화함연) 해는 이미 빠지고 꽃은 안개 머금어

예박사학위위학위복, 캄보디아 훈센 대통령으로부터 수여된 훈장, 후지산 기슭의 '다이헤이요 고텐바 골프장'의 사진까지 귀한 자료들로 가득했습니다. 마루한 출발의 땅인 미네야마의 '루체' 사진 앞에서는 직접 설명도 해주셨지요. 그때 회장님께서는 한국의 김영삼 대통령과 특별한 관계였음을 알 수 있었습니다. 어떤 인연인지 참으로 궁금합니다. 작년 연말에 김영삼 대통령의 아들 김현철 이사장김영삼 기념재단을 만났을 때 교토의 한창우 회장께서 대통령의 친필 묵서를 많이 소장하고 계신다고 했더니, 아마 그럴 겁니다. 그분과는 특별했으니까요, 라고도 했는데요. 최근 서울 상도동에 〈김영삼기념재단〉을 발족했고 앞으로 다양한 사업도 계획하고 있다고도 했습니다.

月明欲素愁不眠(월명욕소수불면) 흰 천 같은 밝은 달에 근심으로 잠 못자네.
趙瑟初停鳳凰柱(조슬초정봉황주) 기러기발가에 봉황 새긴 조슬 연주 멈추고
蜀琴欲奏鴛鴦弦(촉금욕주원앙현) 촉금으로 다시금 원앙곡을 타려하오.
此曲有意無人傳(차곡유의무인전) 이 곡조에 담긴 뜻을 전해 줄 사람 없어
愿隨春風寄燕然(원수춘풍기연연) 봄바람에 실어서 연(燕)땅에 보내려오.
回憶君迢迢隔靑天(억군초초격청천) 그대를 생각하면 푸른 하늘 멀리 있어
昔日橫波目(석일횡파목) 그 옛날엔 눈매가 물결처럼 빛났으나.
今作流淚泉(금작류누천) 지금은 눈물샘이 되었겠지요.
不信妾斷腸(부신첩단장) 애타는 제 마음이 못 믿기시면
歸來看取明鏡前(귀래간취명경전) 돌아와 거울 앞서 제 모습을 보소서.
* 趙瑟: 戰國시대 조나라에서 유행하던 비파.
* 蜀琴: 漢나라 蜀郡 사람 司馬相如가 탔던 琴. 그는 이 거문고로 연주하여 과부가 된지 얼마 안 된 卓文君의 마음을 사려 했다고 한다.
(한시 번역 : 동국대 국어국문과 김상일 교수)

글로벌 리더가 말하는 한국

김영삼 대통령 친필 「대도무문」(한창우 기념관 소장)

김영삼 대통령 친필 이태백 「장상사」 8쪽 병풍(한창우 기념관 소장)

한창우 친구들도 집사람도 나를 행운아라고 부릅니다. 김영삼 대통령과는 같은 경상남도 출신거제도와 삼천포으로 심정적인 연대감도 있고 해서 당시 자유민주당 김영삼 대통령 후보의 후원회장이 되었어요. 그리고 1992년 12월 중순, 14대 대통령 선거에서 김영삼 씨는 민주당 김대중 씨를 꺾고 대통령에 당선됐습니다. 이듬해는 나도 재일한국인상공회소 회장5대으로 취임했으니까, 동향의 김영삼 씨는 한국 정치계에 톱이 되고 나는 일본측 후원회장을 맡으며 재일한국상공회의소의 톱이 된 것이죠. 그렇게 우리는 친밀해졌던 겁니다. 그 후 재일한국상공회의소는 한국에서 창설된 세계한인상공인대회 등에 참가하면서 한국경제를 지원하는 'I Love Korea 캠페인'을 펼치기도 하면서 다양한 교류사업을 이어갔습니다. 김 대통령과는 잊지 못할 추억도 많아요. 한번은 김영삼 대통령이 교토에 오셨을 때 배웅을 위해 공항으로 이동하는 차에 같이 탔는데, 급히 소변이 마렵다며 차를 세운 적이 있습니다. 그때 사이드카가 대통령을 경호하던 중인데 큰 도로에서 차를 세우면 면목도 없고 미안하지 않습니까. 그때의 제 마음을 읽고 대통령께서 일부러 화장실까지 함께 가주었습니다. 얼마나 미안하던지. 그 정도로 김영삼 대통령께서는 남을 배려하는 마음이 참 깊었습니다.

김환기 그렇습니다. 회장님께서는 특별한 글로벌 세계관과 민족의식을 가지고 〈세계한상대회〉도 그렇고, 일반인들은 상상하기 어려운 대통령과도 각별한 인연을 이어가셨습니다. 그런데 화제가 좀 바뀝니다만, 다른 한편으로는 삶에서 가장 안타까운 일도 겪게 되는데요. 마루한 그룹이 한창 번창하던 와중에 믿기 어려운 청천벽력靑天霹靂 같은 소식을 듣게 됩니다. 장남 한철이 미국의 영어학술 프로그램에 참가했다가 사고사했다는 비보입니다. 여쭙기조차 망설여집니다만, 그때의 심경을 어떻게 말로 표현할 수 있겠습니까. 당시 아버지로서 장남의 죽음을 어떻게 받아들였고, 그 충격으로부터 어떻게 극복할 수 있었는지요.

한창우 솔직히 내 삶에서 가장 큰 아픔은 철이의 죽음입니다. 당시 고베神戶의 아리마有馬 온천 근처의 골프클럽에서 골프를 치다가 철이의 죽음 소식을 접했어요. 순간 온몸이 굳어버렸는데, 고베의 처가집으로 가는 도중에 의식이 몽롱해지며 "철이가 어떻게 죽을 수 있지"만 외쳤어요. 철이는 미네아마 중학교 3학년 때, 저의 권유로 미국의 캘리포니아주 란초 산타페Rancho Santa Fe, California로 국제 감각을 읽힐 겸 홈스테이를 한 적이 있습니다. 그 후 고등학교 2학년 때 다시 한 번 가고 싶다고 해서, 1978년 여름방학을 이용해 로스엔젤레스로 퍼시픽Pacific 아메리칸 스쿨 교육 프로그램에 참가했던 겁니다. 모든 교육 프로그램을 성공적으로 종료하고, 마지막 1박 2일 일정으로 요세미티Yosemite 국립공원을 찾았고 계곡의 돌에 미끄러져 급류에 휩쓸렸어요. 그날의 머시드강Merced River 물살은 상상을 초월할 만큼 거셌다고 합니다. 나는 당시 철이를 니시하라西原

산업의 후계자로 생각했던 참이었는데…. 그해 9월 6일 미네야마 단고직물복지센터에서 조용히 철이의 추도식을 진행했습니다. 추도식에는 아들의 친구들이 모두 참가해 주었는데, 훗날 나와 집사람은 『샌디에이고San Diego의 별들이여 영원하라. 한철 16년의 삶』1989을 출판했습니다. 이 추도집에 함께 퍼시픽 아메리칸스쿨에서 공부했던 쓰치야 히로시土屋裕志 군이 보내준 사진을 싣고, 친구들의 우정에 답하는 소감도 한마디[5] 적어 넣었어요.

말해 뭐하겠습니까만 철이의 추도식을 끝내고도 나는 한동안 회사를 내팽개치고, 아들의 불단 앞에 앉아 망연자실한 채 온종일 울기만 했었답니다. 스님이 "아버님이 그렇게 괴로워하시면 아드님도 저승에서 행복하지 못합니다. 정신을 차려서 아들 몫까지 사셔야지요"라고 했는데, 아무 말도 귀에 들어오질 않았어요. 정말로 철이의 죽음은 내 삶에서 가장 견디기 힘든 사건이었습니다. 교토의 히에이잔比叡山 엔랴쿠지延暦寺에는 제가 직접 설계한 가족묘가 있습니다. 묘석에 '韓家'를 새겨 넣고 오른쪽에 "요세미티 강물에 떠내려간 우리 철/ 16년 생애는 너무나도 짧았다./ 꿈과 희망으로 넘쳤는데/ 상냥한 그 미소 너그러운 성격/ 언제까지나 잊지

---

5 "히로시군 정말 고맙네./ 늦은 가을의 쌀쌀한 새벽에/ 파도가 밀려오는 그 해안가에서/ 지금은 이 세상을 떠난 철이의 이름을 새겨/ 가만히 보고 있는 친구로서의 아름다운 우정에/ 그저 눈물이 넘칠 뿐/ 밀려오는 파도 때문에/ 철이의 이름은 지워지고/ 슬픔만이 남게 되겠지/ 그러나 청춘의 아름다운 우정만은/ 보소반도에 빛나는 별과 같이/ 영원히 그 빛을 잃지 아니하리라."(아버지 한창우)

못할 것이다. / 너와 함께한 추억을 감사하며 편하게 잘 자거라"라고 새겼습니다. 당시 철이의 유품에서 자필 문구 "자신을 포기하면 인생은 더욱 공허해질 뿐이다"를 발견했는데, 결국 이 글귀가 저를 살렸다고 봅니다.

나는 지금도 요세미티 국립공원의 붉게 물든 석양이 떠오를 때면, 체코의 대표적인 작곡가 안토닌 드보르(Antonín Dvořák)의 교향곡 9번 '신세계'를 듣습니다. 이 곡을 듣고 있으면 생전에 미국에서 큰 목장을 경영하고 싶다던 철이가 생각납니다. 교향곡 '신세계'에 이끌려 대자연의 넓고 아름다운 나라에서 멋진 목장을 경영하는 아들의 모습이 떠오릅니다.

김환기 회장님께서는 아드님 한철도 그렇고 사모님과 자녀들에게 깊은 사랑을 보이셨습니다. 특히 한철에게 "이 세상을 살아가는 한 절대로 철이의 존재를 잊지 않겠다고 결심"하시고 아들의 유지를 훌륭하게 살리지 않으셨습니까. 특히 〈한창우·철 문화재단〉을 설립해 지금까지 많은 학자/문화예술가들을 경제적으로 지원하셨습니다. 사실 저도 2013년 〈한창우·철 문화재단〉의 펠로우십fellowship 혜택을 받아 3년간 연구를 진행한 바 있습니다.[6] 그때 펠로우십에 선정된 학자들이 도쿄 신주쿠의 〈한국문화원〉에서 연구과제 프레젠테이션Presentation을 했었는데, 그 자리에서 회장님은 직접 선정된 학자들에게 상패/연구기금을 전달했습니다. 그때 회장님께서는 〈한창우·철 문화재단〉에 특별한 애정을 갖고 챙기신다는 인상을 받았습니다.

사실 회장님께서는 〈한창우·철 문화재단〉 외에도 교육문화사업을 비롯해 많은 단체에 지원을 하셨습니다. 고향삼천포에 '사천시민의 대종'을 설치하기도 했고, 사천시에 〈교육문화재단〉을 설립해 자라나는 청소년들에게 장학금을 지원하고 계시고요. 마루한의 출발지인 미네야마에 공공야구장을 건립해 지역사회로부터도 큰 호평을 받았습니다. 한국 정부에서 수여한 〈무궁화훈장〉이나 여러 대학의 명예박사학위는 그러한 회장님의 공적을 높이 산 결과라고 봅니다. 그리고 현재, 한국의 인천 영종도에

---

6 2013년 [한창우·철 문화재단]의 펠로우십 혜택을 받고 연구논문 「코리안 디아스포라 문학 연구─미국과 일본의 코리안 문학의 비교」를 수행하였다.

구축 중인 영종도 '드림아일랜드'는 앞으로 한국 최대의 자랑거리가 될 것 같습니다. 회장님께서는 앞으로도 마루한과 함께 많은 계획들을 기획하고 계실텐데, 구체적으로 어떤 계획이 있는지 궁금합니다.

한창우 저는 일찍부터 마루한 회사원들의 복지와 관련해 특별히 신경을 써 왔습니다. 사원들을 가족처럼 진심으로 지원하고자 애썼습니다. 〈한창우·철 문화재단〉도 그렇지만, 고향사천의 교육문화재단도 그렇고, 학자/문화예술가를 경제적으로 지원하고 자라나는 청소년들의 꿈을 돕는 일이 소중하다고 생각합니다. 지금까지 회사의 경영이 힘들어도 여러 곳에 많은 기부를 했어요. 언젠가 클래식 레스토랑 '루체'를 운영할 때 한국의 부모님을 초대한 적이 있는데, 소작농의 입장에서 온갖 고생을 해 오신 어머님이 저에게 "창우야 기부를 많이 해라"라고 말씀하셨어요. 지금도 어머님의 그 한마디를 잊을 수가 없습니다. 나를 키워준 지역사회에 감사하고 공생한다는 취지에서, 1994년에는 철이가 꿈꾸었던 미네야마에 공공야구장을 완공하기도 했습니다. 2013년 고향조국에는 '사천시민의 대종'을 건립하였고, 교육문화재단을 통해 청소년들이 꿈을 키울 수 있도록 장학금도 주고 있습니다.

제 나이가 올해 93세입니다, 1931년생이니까. 현재 마루한은 장성한 아들 넷이 사장을 맡으면서 열심히 이끌고 있습니다만, 옛날이나 지금이나 변함없는 것은 치열한 경쟁 구도를 피해 갈 수 없다는 겁니다. 특히 회사의 경영은 그럴 수밖에 없어요. 그러니까 기업들은 무한경쟁 시대에 핵심가치를 짚어내고, 글로벌 경쟁력을 키워야가야만 살아남습니다. 결국은 미래사회를 짊어질 젊은이들의 역량/경쟁력에 달려 있어요. 동국대 일본학연구소 강연회에서도 "눈은 세계로 가슴은 조국으로"를 이야기했지만, 기성세대들은 젊은이들이 경쟁력을 키우고 '꿈'을 갖고 도전할 수 있도록 꾸준히 지원해 주어야 합니다. 제가 늙기는 했습니다만, 힘닿는 데까지 젊은이들을 지원해 가며 인류애와 공생 정신을 실천하도록 하겠습니다.

지금도 저는 마루한 사원들에게 '一日不作 一日不食'을 강조합니다. 형그리 정신을 잊어서는 안 된다고 얘기합니다. 또 사업을 성공하려면 "좋은 라이벌을 가져라. 목적과 목표를 가져라. 진정한 친구를 가져라"고도 합니다. 내가 진짜 어려움에 처했을 때 이러한 구호들이 실제로 저를 구해 주었으니까요.

김환기 회장님 오늘 좋은 말씀 감사합니다. 토요일, 예고도 없이 불쑥 자택으로 쳐들어왔는데 이렇게 따뜻하게 맞이해 주시고, 사모님께서 직접 차와 과자까지 내어주시니 저로서는 감사할 따름입니다. 사실 이번에 교토에 오기 전, 지난주입니다만 공로명 장관님을 뵙고 함께 점심을 했습니다. 회장님과는 연세가 비슷하고 친분이 깊었던 것으로 알고 있습니다만, 이번에 교토에 회장님을 뵈러 간다고 했더니 "한 회장에게 꼭 안부 전해줘, 건강하게 좋은 일 많이 하시고"라고 하셨습니다. 회장님, 빨리 건강 회복하셔서 서울에서 좋아하시는 청국장도 드시고 막걸리도 하셔야죠. 제가 고향 냄새가 물씬 풍기는 그런 토속적인 자리 준비해놓고 있겠습니다. 감사합니다.

■ 이 특별대담은 학술지 『일본학』 제58집(동국대일본학연구소, 2022)에 게재되어 있다.

왕청일 교토 왕예제미술관 관장, 교토 닌나지(仁和寺) 오무로(御室) 정원

"재일동포로서, 한국인으로서,
민족정신과 문화예술 사업은 한국과 일본, 북한을 포함한 동아시아를
하나로 연결시켜주는 소중한 일이거든요."

- 왕청일 -

왕청일 王清一(1941~)

1941 일본 교토 출생.
1961 일본 교토 리츠메이칸(立命館) 고등학교 졸업
1966 일본 간사이학원(関西学園)대학교 법학부 졸업.
1969~ 미쓰코시(三越)토지 주식회사 대표
1979~ 재단접인 왕이호일본학연구재단 이사장
1995~2001 교토국제학원 이사장
1996~ 일본 교토 유네스코 이사
2000~2003 재일본대한민국민단 중앙본부 부의장
2003~2009 재일본대한민국민단 교토부 지방본부 단장
2018~ 교토왕예제미술관 관장
2009~ 재일본대한민국민단 코리아 민족문화대학 학장

수상
KBS 주최 〈제18회 해외동포상〉(2015), 국민훈장 〈모란장〉(2020), 〈장보고 한상어워드상〉(2020) 수상.

대표 저서
『재일 코리안 문화와 일본의 국제화』(신간사, 2005), 『왕청일의 예제와 향기』 (보고사, 2021) 등

7 | 문화예술과 민족정신의 뿌리

왕청일(왕예제미술관 관장) × **김환기**(동국대 문과대학장)

구한말 외세에 의한 대한제국의 멸망은 한국인들을 유역/유민화의 디아스포라Diaspora로 내몰았다. 실제로 하와이 사탕수수 농장1903년과 멕시코 에니켄 농장1905년으로 떠났던 한국인 노동자들은 노예처럼 팔려갔다. 일제강점기 국경을 넘어 러시아, 중국, 일본으로 향했던 한국인들은 가혹했던 '부'의 역사를 온몸으로 견뎌야 했다. 구소련권 고려인, 중국 조선족, 재일 코리안, 미주대륙과 독일의 한인들은 항일민족투쟁을 펼쳤고, 타국에서 살아남기 위해 몸부림쳤다. 절대적으로 지켜야만 했던 민족정신, 한글교육, 민족의 정체성, 그것은 코리안 디아스포라의 신체적, 정신적 지팡이었다. 재일 코리안은 굴절된 근현대사을사늑약, 한일병합, 관동대지진, 만주사변, 태평양전쟁, 종군위안부, 강제징용, 해방조국와 함께 한 디아스포라의 역사였다. '적국'의 땅에서 '적국'의 언어로 생존을 위해 고군분투孤軍奮鬪하며 절치부심切齒腐心했다.

"불세출의 작은 영웅, 왕청일"은 그렇게 '부'의 역사적 시공간을 간난신고艱難辛苦로 살아낸 인물이다. 여기에 왕청일 이사장을 모시고 재일동포의 특별한 민족정신, 남북통일, 동아시아로 발신하는 평화의 목소리를 들어보고, 〈교토왕예제미술관〉에 함의된 정신적 뿌리를 확인해 본다.

● **일시** 2023년 7월 31일(금) ● **장소** 왕예제미술관(교토)

김환기 안녕하십니까. "불세출의 작은 영웅, 왕청일" 이사장님. 삼복더위
가 맹위를 떨치는 7월 마지막 날, 이렇게 교토의 〈왕예제미술관王藝際美術
館〉을 찾았습니다. 언젠가 공로명 장관전 외교부 장관께서 "왕청일 이사장을
떠받들 필요가 있어. 한 명의 영웅 바로 동국대 바로 옆에 있어. 불세출의
영웅이지. 6척 장신도 아니고 5척 단신의 몸, 어디서 그런 용기가 나는지
모르겠어"라고 하신 적이 있습니다. 아마도 재일동포의 민족교육과 한일
문화교류, 동국대 일본학연구소 설립을 두고 하신 말씀이겠지요. 지금도
〈한일어린이 미술교류전〉을 준비하느라 바쁘신데, 그동안 북한 작가의
미술전을 포함해 한일문화와 동아시아의 평화를 향한 이사장님의 열정은
그칠 줄을 모르십니다.

왕청일 교토京都에서 재일동포 2세로 태어나 이런저런 직함교토민단 단장, 교
토국제학교 이사장 등을 가지고 민족문제와 남북한, 한일, 동아시아의 문화예
술교류를 추진했는데, 돌이켜보면 돈은 많이 들었지만 보람이 있었어요.
재일동포로서 한국인으로서 민족정신과 문화예술 사업은 한국과 일본,
북한을 포함한 동아시아를 하나로 연결시켜 주는 소중한 일이거든요. 앞
으로도 이러한 민족정신과 문화예술을 아우르는 사업을 계속하고 싶은
데, 이젠 나이도 있고 힘이 듭니다. 돈도 떨어졌고……. 하하핫!

김환기 넷! 이사장님께서 돈이 떨어졌다고요. 저로서는 믿을 수 없는 말

씀을…… 제가 일본 유학을 마치고 동국대 일본학연구소 전임연구원으로 생활을 시작했던 1996년부터 27년 동안 이사장님 주머니는 한 번도 얇았던 적이 없었어요. 항상 만 엔짜리 지폐로 가득했잖아요. 하하핫! 어쨌거나 이사장께서는 일본에서도 소문난 보수적인 교토에서 부동산 회사를 일으키고 큰돈을 버셨잖아요. 집을 4,000채 지어 팔았다는 이야기도 하셨는데, 참 대단하십니다.

왕청일 저의 부모님은 일제강점기 구제舊制 국민 소학교를 졸업하셨어요. 일제강점기 하루 세끼를 해결하기 어려운 부산의 가난한 농가에서 태어나 12세 때 큰 뜻을 품고 달랑 타올 한 장 들고 현해탄을 건넜어요. 타올 한 장은 재산이 전혀 없는 무일푼, 일하며 땀 닦을 타올 한 장밖에 없다는 뜻입니다. 그렇게 현해탄을 건넌 아버지는 나고야名古屋에서 양계장, 이발소 종업원, 철공소 직원 등을 전전했습니다. 일본으로 건너올 때 각오야 했겠지만, 실제로 일본에서 조선인 소년이 감내해야 할 삶의 무게는 상상하기 어렵지요.

아버지는 임업에 종사하면서 교토 근처에 있는 야산의 나무를 매입했고, 처음에 20만 그루를 살 것으로 생각했는데, 그것이 100만 그루가 되는 덕분에 큰돈을 벌 수 있었답니다. 그 후, 불경기로 목재사업을 그만두고 잠깐 대부업도 했었는데, 결국은 부동산을 통해 큰 성공을 거두었습니다. 당시 한반도를 지배했던 일본에서 고생하지 않은 재일동포가 어디 있

글로벌 리더가 말하는 한국

겠어요, 부모님도 고생고생 끝에 일군 성공이었던 겁니다.

지금의 부동산 회사 〈미쓰코시 토지 三越土地〉는 그렇게 피땀을 흘린 부모님의 분신 같은 존재입니다. 일제강점기부터 고군분투해서 일으킨 회사이니까 부모님은 돌아가시는 날까지, 자식들에게 돈을 헛되게 쓴다거나 낭비하는 걸 절대로 용서하지 않았어요. 내가 문화예술행

『일본학』(창간호, 일본학연구소, 1981)

사를 한다며 돈을 쓰면, 왜 돈도 안 되는 문화사업을 하냐며 호통을 쳤습니다. 정말로 많이 혼났습니다. 제가 아버지가 일으킨 회사 〈미쓰코시 토지〉 사장이 된 것도 70세가 넘어서였어요. 문화예술을 좋아하며 돈을 쓰는 아들을 믿지 못했기 때문일 겁니다.

김환기 재일동포 사업가들의 성공담을 들어보면 정말로 손쉽게 일궈낸 게 하나도 없습니다. 이사장님의 부친께서도 혹독했던 노동현장을 누비며 고생 끝에 〈미쓰코시 토지〉를 이끌어 내셨습니다. 사실 이사장께서는 재일 코리안 2세로서 교토에서 초중등학교를 마치고, 명문대학 간사이학원대학을 졸업하셨습니다. 재일 코리안 2세로서 줄곧 전통적인 도시 교토에서 학창시절을 보내시면서, 일본/일본인으로부터 많은 민족차별도

있었을 것으로 생각합니다. 실제로 교토의 부락민촌과 오사카大阪의 조선인 밀집지역 이카이노猪飼野를 둘러보면, 일본/일본인들의 차별이 심했음을 확인할 수 있는데요. 이사장님의 경우는 어떠했는지요?

왕청일 교토는 제가 태어난 곳입니다. 소학교는 교토 시립 스자쿠朱雀 제8소학교를 다녔고 중학교는 기타노北野 중학교를 다녔어요. 소학교 때 담임 선생님을 에워싸고 얘기를 나누는데 기침을 했어요. 그때 선생님이 입을 가리지 않고 기침을 했다고 "야, 더럽다 밖으로 나가!"라고 외쳤는데, 그것이 아직도 기억에 생생합니다. 중학교를 다닐 때 특히 영어, 수학, 음악을 좋아했고, 공부도 잘해서 클래스에서 4명이 리쓰메이칸立命館 고등학교에 입학시험을 봤어요. 그런데 저만 합격했고 세 명은 공립고교에 입학했습니다. 지금도 세 명과는 친하게 지내는데 모두 좋은 직업을 가졌어요. 각각 리쓰메이칸대학 교수, 지바千葉 현청 공무원, 후시미伏見 세무서 서장이 되었으니까요. 특히 저는 이렇게 교토의 부동산 회사 사장이 되었잖아요. 하하핫! 그러니까 나도 공부를 잘했지만, 옆에 공부를 잘하는 친구들이 있어서 그랬는지, 솔직히 청소년기에 일본/일본인/일본사회로부터 민족차별을 받았던 기억은 거의 없어요.

간사이학원関西学園대학 법학부를 다니면서 민족차별이라고 해야겠지요. 정신적으로 좀 충격을 받은 적이 있긴 합니다. 제가 교토대학 입학에 실패하고 리쓰메이칸대학은 시험 없이 입학할 수 있었는데, 어디에 정신

글로벌 리더가 말하는 한국

이 팔렸던가 지원할 기회를 놓쳐버렸어요. 1년 늦게 리쓰메이칸대학에 들어가는 것도 싫고 해서, 교토에서 멀리 떨어진 간사이학원대학에 입학했습니다. 태어나 처음으로 부모님, 특히 엄격한 아버지와 떨어져 효고현兵庫県에서 하숙을 했는데, 그때 골프며 바둑 동아리에 열심히 참가했어요. 여름/겨울 방학이 되면 교토외국어대학에서 영어와 프랑스를 배우기도 하고 재미있게 대학생활을 했습니다. 물론 한국 유학생 모임에도 열심히 참가했지요.

그런데 간사이학원대학을 졸업할 무렵, 미국의 자매대학의 대학원에 유학을 가기로 결정되고 출발 3일 전, 미국 유학은 일본 국적에 한해서만 가능하다는 조항을 알게 되었어요. 그렇게 고대했던 미국 유학이 취소된 거지요. 대학도 그렇고 저도 전혀 몰랐던 입학자격 조항이었어요. 그때 받은 정신적인 충격으로 간사이학원대학 졸업식에도 가지 않았습니다. 몇일 동안 집에 틀어박혀 밖으로 한 발자국도 나가지 않았고, 하루종일 방안에 틀어박혀 잠만 자고 있으니까, 아버지는 내가 죽을지 모른다며 몹시 걱정했다고 합니다. 국적 문제가 현실에서 얼마나 크게 작용하는지 피부로 느끼게 된 거죠.

김환기 당시 간사이학원대학을 졸업하고 곧바로 한국의 서울대학교로 유학을 오셨는데, 당시 서울로 어떻게 유학을 오게 되었는지, 특별한 계기가 있었는지 궁금합니다. 특히 1970년대 재일동포 젊은이들이 조국에서 유학생활을 한다는 것은 많은 어려움이 있었잖아요. 특히 재일동포 유학생들이 북한의 간첩단 사건으로 체포되어 무기징역/사형을 선고받고, 오랜 기간 감옥생활을 하게 되는 경우도 적지 않았던 엄혹한 시기였습니다. 제가 알고 지내는 김종태 씨는 현재 도쿄와 서울을 오가며 사업을 하고 있지만, 1970년대 서울대로 유학을 왔다가 간첩단 사건으로 체포되어 7년간 감옥살이를 했습니다. 몇 년 전 한국의 법원으로부터 무죄를 선고받고 보상금도 받긴 했지만, 돌이켜보면 20대의 젊은 청춘을 조국의 감옥에서 송두리째 빼앗긴 것이잖아요. 남북한이 첨예하게 대립했던 엄혹한 시기였기에 이사장님의 서울대 유학도 불안감이 있었지 않았을까 합니다.

왕청일 미국유학을 거절당하고 두문불출 집안에서 잠만 자고 있는 아들을 아버지는 무척 걱정했었던 것 같아요. 그런데 어느 날, 아버지가 갑자기 "서울대 대학원에서 유학생을 모집하는데 가겠느냐"는 겁니다. 그 말을 듣는 순간 얼마나 기뻤는지 몰라요. 당시 제게는 간사이학원대학을 졸업하면서 일본을 벗어나 외국에서 생활하고 싶다는 생각이 컸었거든요.

대학 4학년 여름방학 때 모국방문 여행을 하게 되었어요. 그때 아버지가 부산에 있는 친척들에게 연락을 했고, 부산에서 30명 정도의 친척들이 서울로 왔어요. 친척들은 한국어로 말했는데, 저는 한마디도 한국어를 못해 쓴웃음만 지었던 기억이 새롭습니다. 내 조국인데 한국어를 한마디도 못하는 자신이 무척 부끄러웠습니다. 일본에서 22년간 나는 무엇을 한 것

동국대 일본학연구소 창립 40주년 기념식 축사

인가. 컬쳐 쇼크Culture Shock에 빠지고 말았어요. 그때부터 서울대 대학원에 들어가기 위해 아침부터 저녁까지 한국어 공부에 전념했고, 6개월 공부해서 70%정도 마스터할 수 있었어요. 그 무렵, 같이 공부하던 교토대학 졸업생이 제가 한국어로 말하는 것을 보고 깜짝 놀라더라구요. 당시 주변에서 부산에서 왔냐는 질문을 많이 받는데, 서울에서 처음으로 한국어를 공부하면서 부모님께서 부산 사투리를 쓴다는 것을 처음 알게 되었습니다.

그렇게 자신의 이름도 한국어로 쓰지 못하고 한글 '가나다라'도 몰랐던 제가 한국어로 말을 하게 되고, 마침내 서울대 경영대학원에 입학을 했습니다. 대학원에서 나를 담당했던 교수는 경영대학원장이었던 민병구 선생님이었는데, 민 선생님은 당시 도쿄제국대학 경제학부 법학부 1년 선배인 왕익권이라는 저의 숙부와 친했어요. 숙부는 후에 북한으로 가서 최고재판소 재판장이 되었다고 합니다. 당시 숙부는 우리 집과 편지를 주고받았는데 언젠가부터 연락이 끊겼어요. 아마도 북한에서 숙청당한 게 아닐까 싶어요. 민 선생님은 숙부의 후배였던 인연으로 저를 특별히 챙겨주었지요.

그렇게 조국인 서울에서 즐겁게 2년 반 정도 유학생활 하고 있었는데, 어느 날 갑자기, 아버지로부터 편지가 왔어요. "회사를 설립했으니까, 곧바로 교토로 돌아오라!"는 내용이었어요. 아버지의 명령이니까 서울에서의 유학생활을 접고 곧바로 교토로 돌아올 수밖에 없었는데, 그때부터 지금까지 54년째 회사 일에 전념해 왔습니다.

김환기　서울에서 친구도 사귀고 즐겁게 유학생활을 하고 있었는데, 갑작스런 아버지의 호출로 유학을 접은 것이네요. 호기심 많은 20대 초반에 서울에서의 유학생활을 접고 아버지 회사에 회사원이 된다는 것, 아쉬움이 컸을 것 같은데, 반발하지 않고 순순히 아버지의 호출에 응하셨군요. 하기야 엄격한 아버지의 호출 명령을 이사장께서 거절하기란 애초부터 불가능했겠다 싶습니다.

왕청일　솔직히 유학을 포기하고 교토로 돌아오는 것은 많이 아쉬웠어요.

언제였던가? 서울대에 재학 중인데 하루는 아버지와 함께 어느 은행을 들렀다가 하숙집에 돌아왔는데, 엄청난 미인이 와 있더군요. 당시 하숙집의 구조는 ㄷ자 형태였고, 하숙생들이 저녁을 먹기 위해 전부 마당에 나와 있었는데, 그때 갑자기 하숙집 대문을 밀고 절세미인이 들어온 겁니다……

김환기　서울대 재학 시절의 풋풋한 첫사랑의 기억이라고 해야겠군요. 그렇게 이사장께서는 유학을 중단하고 교토에서 아버지의 토지회사 직원으로서 충실하였고, 그 결과로 지금처럼 많은 직함을 가지게 되셨군요. 부친으로부터 물려받은 미쓰코시토지㈜ 대표이사, 민단교토본부 단장, 학교법인 교토국제학원 이사장, 〈교토왕예제미술관〉 관장, 일본교토 유네스코 이사, 민주평화통일 자문위원회 등. 참으로 남들이 쉽게 가질 수 없는 많은 직책들을 맡고 계십니다. 언젠가 서울에서 〈왕이호일본학연구재단〉 이사회가 있을 때, 간혹 주변의 동료학자들이 이사장께 인사를 하면 명함뭉치를 꺼내놓고, 어떤 명함을 건네야할지 고민하는 모습을 본 적이 있습니다. 이사장님의 명함을 들여다보면, 사실 미쓰코시 토지㈜명함 외에는 모두가 봉사를 해야만 하는 자리잖아요. 과거 민단교토본부의 단장도 그렇고, 현재의 〈왕예제미술관〉 관장도 문화 사업이라 돈을 많이 써야 하는 자리 아닙니까. 엄격하신 아버님한테 혼 좀 나셨을 같은데요. 하하핫!

그럼에도 불구하고 이사장께서는 부동산 회사를 경영하시면서, 일본/

일본인/일본사회의 많은 차별을 견뎌내면서, 조국과 민단, 문화예술의 가치를 중시하며 끊임없이 금전적 투자를 아끼지 않았습니다. 특히 교토 민단의 단장을 맡으시면서 큰돈을 많이 쓰셨습니다만, 과감한 민단개혁을 통해 동포사회로부터 신임을 얻고 단장을 재임하시게 됩니다.

왕청일 솔직히 큰 경제적인 어려움을 겪지 않은 민단 단장은 없습니다. 저와 같은 경우는 행운입니다. 일본에서 재일동포들은 지금도 고생하는 분들이 많아요. 파친코, 야키니쿠집, 토목 건축업, 폐품 수거, 청소 등 육체적인 노동을 필요로 하는 3D 업종에 많이 종사합니다. 당연히 임금이나 근무조건은 관청의 공무원, 각종 조합, 큰 기업에서 근무하는 경우와 차이가 많이 납니다. 일본 법률에는 1,000개 항목 이상의 국적과 민족에 따른 차별조항이 존재합니다. 재일동포는 관공서 같은 곳에서 근무할 수 없는 조항도 포함되어 있어요. 아예 관공서 같은 곳은 원서조차도 제출하지 못했어요.

그래도 어떻게 하겠어요. 분함을 참으면서 일본인에게 질 수 없다는 각오로 살아야지요. 저는 계속해 일본인들로부터 존경받는 행동들을 해 왔어요. 물론 정신적으로 뒤틀린 재일동포들도 많아요. 예를 들면 영어는 잘하면서 한국어를 전혀 모르거나 조국한국 것을 싫어하거나 하는 사람들이 있지요. 한국의상 자체를 싫어하는 재일 동포들도 있어요. 광복절인 8월 15일에 치마저고리 민족의상을 입는 것을 싫어하는 재일동포, 혹은 민족학교 교장 중에는 자기 아이는 일본학교에 보내면서 재일동포의 가정을 돌며 학생을 모집하는 이도 있었거든요. 어쨌거나 재일동포사회는 복잡해서 획일적으로 생각할 수 없는 어려운 일들이 많습니다. 특히 민족에 대한 의식의 연성화를 되돌리는 것이 어려워요. 저출산 현상과 일본국적으로 귀화 증대, 조총련 사람들이 민단 단원이 되는 것을 거부하고 귀화해 버려요. 민단으로 전향한 사람들은 자녀의 미국유학을 위해 전향하는 경우가 많은데, 민단 행사에는 절대 참가하지 않지요. 그들 중에는 민단에 입단해 한국 국적을 취득해 사업도 하지만, 마음은 총련의 마음 그대로입니다.

교토민단본부 단장을 역임하면서 많은 일이 있었어요. 개인적으로 돈도 2억엔 넘게 썼어요. 정말로 민족정신을 가지고 봉사를 한다는 것은 쉬운 일이 아닙니다. 단장을 하면서 기모노와 한국패션쇼, 미스 기모노/미스 코리아 출연진에 의한 민족의상 패션쇼, 지문날인 활동, 윤동주 기념비 건립운동, 우리말 말하기 대회일본인도 참가, 어린이 민족교육, 교토시가 중계했던 민단과 조총련이 함께 한 '원 코리아 퍼레이드One Korea Parade', 민단 단원 전원을 위한 민족대학강습강사는 일본에서 대학교수로 활동하고 있는 다양한 분야의 재일한국인 등 다양한 활동을 펼쳤어요. 보람이 있었습니다. 그러니까 민단본부 단장은 돈이 없으면 할 수가 없어요. 민단의 각종 부인회, 청년회, 상공회, 민족학교 등 각종 단체들이 행사를 할 때마다 찾아다니면서 지원금도 내고 해야 하거든요. 민단단장은 어느 정도 돈을 쓸 각오를 해야 합니다. 어쩔 수 없어요. 그렇지만 누군가는 동포사회를 위해 일을 해야지요. 안할 수 없잖아요. 그것을 4년간 했습니다.

김환기 정말 동포사회를 위해 많은 일을 하셨습니다. 가난한 동포사회를 위해 단장으로서 지원도 하시고, 특별히 지원정책도 펼치셨습니다. 특히 교토민단본부의 단장 선거제도를 동포들이 직접선거로 선출하는 개혁정책은, 도쿄의 민단중앙본부를 비롯해 일본사회에까지 센세이션을 일으킨 일대 사건이었습니다.

왕청일 아시다시피, 재일동포 사회는 파친코와 야키니쿠야(불고기집), 토목건축과 고물장수 등 육체적인 노동을 필요로 하는 직업에 종사하는 분들이 많습니다. 부자들은 1~2%에 불과하고 대체로 넉넉한 형편들이 아니지요. 그래서 교토민단에서는 경제적으로 곤란한 동포들을 위해 상공회의소를 중심으로 소액이지만 기업에 융자지원도 하고 있습니다. 대체로 자기 일은 자기가 책임지기 때문에 서로 돕는 일이 많지는 않아요. 해외로 떠난 한국인들이 거주국에서 계(契)모임을 통해 서로 돕는 일들이 있지요. 재일동포 사회에도 간간히 계모임을 통해 돕는 일이 있어요.

제가 교토민단 단상으로 있을 때 잘했다고 생각되는 것은 민단단장을 직접선거로 뽑게 제도를 바꾸었던 점입니다. 대의원들이 간접적으로 단장을 선출하는 것이 아닌, 민단의 단원들이 직접선거를 통해 단장을 뽑

동국대 일본학연구소 창립 40주년 기념사진(아래 왼쪽부터 신근재 소장, 송석구 총장, 공로명 장관, 윤성이 총장, 한창우 회장, 왕청일 이사장, 김덕룡 이사장. 한보광 총장 등)

는 방식을 도입했어요. 이것은 재일동포 사회에서 큰 사건이었어요. 대의 원들에 의한 간접선거방식에서 민단 단장에 출마하면 돈을 많이 써야했 거든요. 그것을 단원들의 직접선거를 통해 단장을 뽑을 수 있게 개혁했으 니까, 그동안의 돈쓰는 관행이 없어지게 된 것이지요. 그 선거제도 개혁 을 하고 나서 저는 교토민단 단장을 한번 더 하게 되었어요. 절대로 단장 을 한번 더 하려고 작전을 펼친 게 아닙니다. 하하핫! 사실 그전부터 권위 적이고 보수적인 민단 체계를 투명한 민주적인 방식으로 바꿔야 한다고 생각하고 있었어요. 그것을 실행한 것인데, 지금 생각해봐도 민단의 선거 개혁은 잘했다고 생각합니다.

김환기 한국에 최초로 일본학연구소가 설립된 것은 1979년입니다. 왕청일 이사장께서 공식적으로 거금을 출연해 동국대학교 일본학연구소를 설립한 것이 첫 출발입니다. 개인적으로 저는 동국대 일어일문학과를 졸업하고 일본유학을 마친 후, 일본학연구소 전임연구원을 거쳐 현재 모교의 교수로 재직 중입니다. 그리고 현재 동국대 일본학연구소 소장을 맡고 있으니까, 저의 교수생활은 일본학연구소와 함께 했다고 해도 과언이 아닙니다. 그래서이겠지만 이사장님과의 인연도 자연스럽게 돈독해진 것 같습니다. 솔직히 1970년대 한국의 군사정권 시절에 대학에 일본학연구소를 설립하는 것은 민족의 정서상 쉽지 않았습니다. 아예 대학에 일본학연구소의 설립이 허용되지 않았던 시기이지 않습니까. 결국 숱한 장벽을 뚫고 동국대에 일본학연구소를 설립하게 되는데 그 과정이 어떠했는지 궁금합니다.

왕청일 솔직히 "반일反日보다 지일知日이 더 중요합니다." 이것이 동국대 일본학연구소를 설립한 이유입니다. 1970년대 일본 오사카외국어대학교에 김사엽 교수가 계셨는데, 그분이 내 동생 관일의 주임교수였어요. 김사엽 교수는 경북제대를 졸업하고 미국 하버드대학에서 약 10년간 대학교수로 재직하셨고, 일본 최고의 고전『만요슈萬葉集』를 한국어로 번역해 학자로서 명성이 높지요. 그 김사엽 교수가 교토의 우리 집으로 동생왕관일을 보러 가끔씩 찾아오셨는데, 그때마다 동생이 없어 제가 응대하게 된 겁니다. 그러니까 김사엽 교수는 동생보다 저와 더 가까워지게 되었지요. 당시 김사엽 교수와 동국대 정재각 총장은 경북제대 동급생인데, 어느 날 교토의 우리 회사로 찾아왔어요.

그런데 두 분이 회사에 찾아온 날은 회사는 난리가 났어요. 우리 회사 〈미쓰코시 토지〉가 세금을 탈세했다며 느닷없이 일본 세무서에서 140명오사카 국세청에는 직원이 120명밖에 없어 교토의 가미교(上京), 우교(右京), 주교(中京), 사교(左京), 후시미(伏見) 세무서에서 20명이 급습해, 온 집안을 뒤지고 장부를 압수하고, 혹시 숨겨둔 돈이 없는지 쇠꼬챙이로 벽장과 마루 밑까지 뒤지고 있어요. 바로 그날, 우연히 김사엽 선생과 정재각 총장이 찾아온 겁니다. 그때 제 자동차에는 숨겨놓은 현금뭉치가 있었는데, 제가 그 돈뭉치를 속주머니에 넣고 집으로 찾아온 김사엽 교수를 화장실로 불렀어요. 그리고 화장실에서 급히 "선생님 이 돈뭉치를 들고 얼른 집을 나가세요. 도망가세요."라고 했죠. 김사엽 선생은 영문도 모른 채, 그 돈뭉치를 들고 밖으로 나간 겁니다. 그날의 화장실 뭉칫돈이 현재의 동국대 일본학연구소를 있게 한 겁니다. 그것은 운명입니다. 일본학연구소는 그렇게 운명적으로 설립된 겁니다.

당시 일본돈 1만 엔은 한국의 7,500원이었는데, 그때 뭉칫돈은 1억 엔이었어요. 당시의 이자가 년 20%가 넘을 때였으니까 1년에 2,000만원정도를 일본학연구소가 쓸 수 있었습니다. 매년 여름방학이 되면, 그 수익금으로 교수 5명을 선발해 일본 전국을 돌며 연구조사할 수 있도록 지원했습니다. 현재는 〈왕이호일본학연구재단〉에서 그 기금을 운용하며 일본학 연구소의 연구사업을 지원하고 있습니다.

김환기   동국대 일본학연구소의 설립에 드라마틱한 숨은 이야기가 있었네요. 45년 전, 1978년, 당시 잠실의 주공아파트 한 채가 1,500만원정도 했으니까. 엄청난 거금이었던 거죠. 잘못됐으면 그때 자동차 본넷에 숨겨두었던 뭉칫돈을 고스란히 일본의 세무당국에 빼앗겼을 거라고 생각하니, 상상만 해도 아찔합니다. 여하튼 이사장님 자택 화장실에서 김사엽 교수께 건네진 뭉칫돈(?)이 동국대 일본학연구소 설립의 첫 단추, 한편의 극적 드라마이기에 충분하지 않습니까. 그렇게 설립된 일본학연구소는 괄목할만한 성장을 거듭했고, 특히 『일본학』제60집을 발행하면서 한일과 동아시아 학문교류의 플랫폼을 담당하고 있습니다. 일본학연구소 소장으로서 이사장님과 초대 연구소장을 역임하셨던 고 김사엽 교수님께 감사할 따름입니다.

사실 이사장님의 문화예술을 향한 열정은 일본학연구소에 그치지 않습니다. 앞서도 잠깐 거론되었지만, 최근 〈교토왕예제미술관〉을 오픈하고 특별히 한국과 일본, 북한을 포함한 동아시아의 미술공예품을 통한 문화교류를 리더하고 있습니다. 특별히 〈교토왕예제미술관〉을 오픈하고 현재까지 어떤 작가의 어떤 작품들을 소장하고 계신지 궁금하고, 앞으로의 계획에 대해서도 듣고 싶습니다.

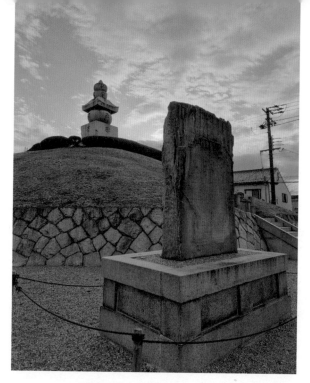

교토 도요쿠니신사(豊國神社) 앞의 조선인 「귀무덤(耳塚)」

왕청일 교토에서 학교를 다닐 때부터 문화활동을 즐겼어요. 서예와 음악, 유도를 했고, 민족정신을 함양하는 모임에도 자주 나갔습니다. 저는 〈교토한일친선협력회〉와 〈교토시국제교류협회〉를 지원했고, 오사카大阪 총영사관의 힘을 빌려 한일간의 경제와 문화교류에 관한 심포지엄을 주관하기도 했습니다. 한국의 전통문화, 판소리, 가곡, 가야금, 무용, 바이올린 연주회, 회화, 조각 전람회 등과 같은 문화예술사업을 진행했었지요. 임진왜란 당시 조선인 피해자의 미미쓰카耳塚[1]라는 '귀무덤'에서 옛 한국인들에게 기도를 올리는 행사도 주관했었습니다.

1990년부터는 2000년까지 10년에 걸쳐 진행한 『재일 코리안 문화와 일본의 국제화』 프로젝트는 한일 양국으로부터 큰 호응을 얻었어요. 동아시아에 대한 통찰력이 뛰어나신 일본이 자랑하는 시바 료타로司馬遼太郎를 비롯해 우에다 마사아키上田正昭, 가와무라 미나토川村湊, 한국에서는 공로명 장관, 이어령 장관, 재일 코리안 작가 김시종, 이회성, 양석일 등 저명한 분들을 초청해, 국제학술심포지엄, 학술대담, 판소리 공연, 미술전시회 등 다양한 행사를 했어요. 김환기 교수도 공로명 장관과 함께 교토에 왔었잖아요. 〈교토왕예제미술관〉의 건립도 그러한 문화예술사업의 일환입니다. 재일동포 예술가들을 육성하기 위해 그림을 구입하면서 전람회를 열어왔어요. 그러다 보니까 〈교토왕예제미술관〉에는 수집한 미술공예품들로 가득해요. 또 컬렉션들을 많은 사람들에게 보여드려야 하니까 미술관을 짓게 되고. 일이 또 다른 일을 자꾸 새끼친다고 해야 하나? 하하핫!

---

1 교토의 조선인 「귀무덤(耳塚)」은 교토시 히가시야마구(東山区)에 있는 무덤으로, 임진왜란의 원흉 도요토미 히데요시(豊臣秀吉)를 받드는 도요쿠니 신사(豊國神祠)에서 100미터 떨어진 건너편 공원에 방치돼 있다. 당시 도요토미 히데요시는 일본군에게 조선 백성들을 보는 대로 사살해서 그 수급(首級)을 모아오라고 명령했는데, 수급이 너무 무거워 코와 귀를 베어 모으게 되었다. 일본장수들은 그 코를 베어 일본에 보내면 도요토미 히데요시는 코 영수증을 써주고 소금에 절였다. 그후 일본 전국을 순례한 후 교토에 묻었는데 그것이 지금의 귀무덤이다. 처음에는 코무덤으로 불렸는데 에도시대의 유학자 하라시라산(林羅山)이 코무덤은 너무 야만스럽다며 귀무덤으로 쓴 이후 지금까지 귀무덤으로 불린다.

현재까지 수집한 미술공예품이 적지 않습니다. 그림이 약 3,000점, 고려청자가 약 650점, 일본의 유명한 현대작가의 작품과 도예까지 장르가 다양합니다. 예를 들어 초현실주의 화가 살바도르 달리Salvador Dali, 1904-1989, 입체파 화가 파블로 피카소Pablo Picasso, 1881-1973의 작품도 소장하고 있고, 곽덕준郭德俊, 전화황全和凰, 손아유孫雅由의 작품, 무나가타 시코棟方志功, 마쓰타니 다케사다松谷武判, 후지타 쓰구하루藤田嗣治, 고이소 료헤이小磯良平, 미야모토 사부로宮本三郎 등의 작품도 수집했어요. 한국불교와 관련한 선묵화도 좋아했어요. 2016년 한일수교 51주년 기념으로 오사카 〈한국문화원〉에서 선묵화 25점을 전시했는데, 그때 제가 인사말로 "선묵화는 외적인 사물의 형상으로 내적인 마음의 형상을 통해 생의 진정한 자유를 상정한다. 정숙한 마음, 충만한 마음, 행복한 마음으로 인간을 이끌어가는 작품이다. 정숙한 마음을 가지고 다가가면 자신의 진정한 모습을 볼 수 있으며 진정한 소리를 들을 수 있다"고 소개했어요.

고려불화와 금분으로 사경한 '법화경法華經'도 모았지요. 북한의 산수묵화도 110점 가지고 있습니다. 한국의 국립박물관에서 구입했는데, 그림이 아주 정교하고 치밀해요. 일본에서 북한의 작품이 전시되는 일은 극히 드문데 2021년에 제가 전시회를 했습니다. 작가의 정성과 노고가 깊이 녹아 있어 한국 작가에게는 보이지 않는 독특한 정취를 느낄 수 있습니다.

김환기 언제가 한국불교의 자랑인 불보사찰佛寶寺刹 통도사通度寺에 재주하시는 법산法山 큰스님께서 왕청일 이사장의 삶과 문화예술 사랑을 한시로 읊은 적이 있는데, 그 한시가 「왕매청향王梅淸香」입니다.

「王梅淸香(왕매청향)」

王梅淸香不賣香(왕매청향불매향) 어떠한 세상에도 그 향기 강인하여라
淸寒鐵骨生瑞氣(청한철골생서기) 청아하고 냉철함이 철골에서 피어나는 상서
　　　　　　　　　　　　　　　로운 기상이로세
一露如玉韓日滿(일로여옥한일만) 이슬같이 맑은 옥구슬 한국과 일본에 가득
　　　　　　　　　　　　　　　채우고
藝聲微笑覺萬世(예성미소각만세) 예술의 소리, 잔잔한 미소 천만년 길이길이
　　　　　　　　　　　　　　　세상 깨우리.

매년 통도사의 홍매화紅梅花는 많은 관광객을 불러들이는데, 법산 큰스님께서 그 홍매화가 품어내는 냉철하고 청아한 향기, 상서로운 기상을 이사장님의 문화예술의 향기로 풀어주신 것 같습니다. 교토대학 오구라 기조小倉紀蔵 교수는 이사장님의 깊고 단단한 역사의식과 숱한 문화진흥사업을 지켜보면서, 왕청일 이사장님을 "교토라는 화려한 극장에서 '한국'을 클로즈업하여 그 문화를 연출해 온 종합프로듀서"라고 했습니다.

이렇게 이사장께서는 한일 양국을 위해 재일 코리안의 입장에서 물심양면 크게 마음을 내셨습니다. 실제로 교토민단단장과 〈교토왕예제미술관〉 등을 운영하시며 큰돈을 쓰시기도 하셨고요. 특히 교토의 한국학원,

지금은 교토국제고등학교로 교명이 바뀌긴 했지만, 이 교토국제학원에 대한 애정은 참으로 특별했습니다. 이 교토국제학원에 특별히 야구부를 창설하고 꾸준히 경제적인 지원을 했다는 사실은, 동포사회에서 널리 회자되고 있습니다. 그렇게 물심양면으로 지원했던 교토한국학원 야구부가 드디어 일본 최고의 전국고교야구대회 고시엔甲子園에 출전하게 됩니다. 코로나 펜데믹이 한창이던 2021년 22년 연속해서, 그것도 준결승까지. 재일동포사회는 물론 일본사회, 해외의 한인사회가 떠들썩했습니다.

왕청일　교토국제학원京都韓國學園 야구부의 고시엔 출전은 정말로 한편의 극적 드라마야. 원래 교토국제학원은 조국이 해방을 맞고 1947년 '교토조선중학교'로 출발해 학교명이 1958년 '교토한국학원'으로 바뀌었다가 2003년 교토국제고등학교가 되었어요. 저는 교토한국학원 개교 50주년 기념 책자에서 1984년 완성된 혼다야마本多山 캠퍼스에 대해 "재在교토 재일 코리안들의 민족교육에 대한 열정의 역사이며 민족차별철폐의 강한 바람의 역사였다. 재일 코리안의 민족교육은 우리 재일 코리안만의 문제가 아니라 일본인의 문제이기도 하다"고 했습니다.

　1999년 제가 교토한국학원 이사장 때 야구부 창설까지 해가면서 학교를 키우려고 노력했지만, 재일 코리안의 학생 수가 줄어들면서 학교경영을 계속할 수 없게 되었지요. 결국 2003년 교토한국학원을 교토시에 넘길 수밖에 없었지만, 당시 교토시로 학교를 넘기면서 단 한 가지 조건은 한국어로 된 "교토조선중학교의 교가는 절대 바꿔선 안된다"였습니다. 저는 교토에서 태어나고 자라면서 고시엔전국고교야구대회을 좋아했는데, 전국에서 고시엔에 출전한 학교는 시합 중에 양쪽 학교의 교가를, 시합이 끝나면 이긴 학교의 교가를 공영방송인 NHK에서 틀어주잖아요. 자신의 학교 교가가 전국방송을 타고 울려 퍼지는 겁니다. 저는 그것을 생각하면서 교토한국학원에 야구부를 창설했어요. 이 야구부가 고시엔에 출전하면, 일본 땅에서 재일동포의 민족교육의 상징인 교토한국학원의 한국어 교가가 일본공영방송을 타고 전국으로 울려 퍼진다. 그것은 정말 저의 꿈, 혼신이 담긴 꿈이었어요.

그런데 교토국제학교가 2021년 정말로 고시엔에 출전하게 됩니다. 생각해봐요. 어떻게 해야 합니까. 교토의 동포응원단은 버스 14대 빌려 고시엔 야구장을 찾았고, 그곳에서 목이 터져라 응원했고 가슴 벅찬 눈물을 흘렸습니다. 고시엔 야구장에 교토한국학원의 교가, "동해 바다 건너서 야마도 땅은, 거룩한 우리 조상 옛적 꿈자리, 아침 저녁 몸과 덕 닦는, 우리의 정다운 보금자리 한국의 학원"[2]이 울려 퍼지는데, 참말로 한참 동안

---

2 교토 국제고등학교의 한국어 교가
〈1절〉 동해 바다 건너서 야마도 땅은, 거룩한 우리 조상 옛적 꿈자리,
    아침저녁 몸과 덕 닦는 우리의, 정다운 보금자리, 한국의 학원.
〈2절〉 서해를 울리도다, 자유의 종은, 자주의 정신으로 손을 잡고서,
    자치의 깃발 밑에 모인 우리들, 씩씩하고 명랑하다, 우리의 학원.
〈3절〉 해바라기 우리의 정신을 삼고, 문명계의 새 지식 탐구하면서,
    쉬지 않고 험한 길 가시밭 넘어오는 날, 마련하다 쌓은 이 금당.

교토국제고등학교「고시엔」우승 호외 기사
(아사히 신문, 2024.8.23)

2024년 교토국제고등학교「고시엔」
우승 기념구

가슴을 움켜잡고 꼼짝을 못했어요. 일본 언론도 그랬지만, 한국의 각종 매스컴에서도 외국인학교 팀으로는 처음으로, 일본고교야구연맹에 가맹한 교토한국학원이 역사상 처음으로 고시엔에 출전했다며 대대적으로 보도했습니다. 사실 본선 첫 시합에서 만난 상대팀은 오래 전 친선 경기에서 콜드게임 수모를 당했던 오사카상업대학 부속고등학교였는데, 그 학교한테 역전승하면서 한국어 교가가 고시엔 경기장, 공영방송 NHK를 통

〈4절〉 힘차게 일어나라, 대한의 자손, 새로운 희망 길을 나아갈 때에
불꽃같이 타는 맘 이국 땅에서, 어둠을 밝히는 등불이 되자.

해 전국으로 울려 퍼지니까 얼마나 감동적인지. 그때 가슴이 너무 벅차, 말 한마디 못하고 멍하니 하늘만 쳐다봤어요. 지금 다시 생각해도 꿈만 같습니다.

사실 고시엔 야구장과 전국방송에서 울려 퍼진 교토한국학원의 한국어 교가는 큰 문제가 되었어요. 일본이 자랑하는 고시엔에서 한국어로 된 교가가 울려 퍼지면서, 일본의 우익단체가 크게 들고 일어난 겁니다. 일본의 문부성과 교토시가 일본의 우익단체들로부터 엄청난 협박에 시달려야 했지요, 문부성과 교토시를 폭파하겠다는 말까지 나왔어요. 겉으로 드러나진 않지만 여전히 일본사회에는 민족차별이 있어요. 어쨌거나 제가 창설한 교토한국학원의 야구부가 고시엔에 출전해 준결승2022년까지 올라가면서 전국의 재일동포들은 많이들 좋아했습니다. 전국에서 동포들이 십시일반으로 후원금도 보내줬어요. 한순간에 교토국제학교 야구부에 필요한 1년치 비용이 전국의 재일동포들로부터 쇄도했습니다. 개인적으로 영원히 잊지 못할 감동입니다.

김환기 사실 교토京都와 나라奈良 지역은 고대부터 수없이 많은 한국/한국인의 숨결이 서려있습니다. 이사장께서는 교토 출신답게 역사와 문화에 특별한 관심을 보이셨는데, 현재도 일본에서 신라/백제의 역사와 관련이 있는 신사/절을 찾아다니며 자료도 수집하고, 여행을 하고 계십니다. 속주머니의 메모지에는 고려 왕씨의 후손답게 족보를 깨알같이 적어 넣고,

항상 왕건의 후예임을 자랑하시고, 손수 궁사宮司 자격증을 취득하고 교토에 〈하늘왕건고려궁〉이라는 신사를 운영하십니다. 현재는 〈안중근 평화재단 청년아카데미〉 후원회 회장도 맡고 계십니다. 오래전 소설가 김달수 선생이 『일본 속의 조선문화』를 시리즈로 출간한 적이 있지만, 앞으로도 이러한 일본의 조선 관련 민속, 역사, 문화를 연구하고, 양국의 문화교류를 통해 건설적인 관계를 만들어 가야할 텐데요. 앞으로 재일동포들의 역사인식과 민족교육은 어떤 가치와 방향성을 가지고 진행되어야 옳을지 한 말씀 부탁드립니다.

왕청일 현재 동아시아는 국가 간에 역사문화, 교육, 기술 등 많은 영역에서 다툼이 있지요. 올바른 역사인식을 가지고 넓은 시야로 세계를 봐야 하는데…… . 조선상고사에 관한 남북한의 공동 조사연구도 필요하고요. 특히 재일코리안의 입장에서 보면, 일제강점기의 역사를 후세들에게 올바르게 전해야 하고, 일본에 대한 반일교육보다 지일교육을 확산시켜야 합니다. 교토에는 한반도와 관련한 역사문화가 즐비합니다.

서기 794년 교토를 수도로 삼은 간무천황桓武天皇의 생모는 백제 무령왕의 자손이었고, 수도가 되기 이전부터 교토는 하타秦 씨의 근거지였지요. 교토와 나라뿐만 아니라 일본의 수많은 신사며 절은 신라와 백제의 영향을 받았고, 실제로 수많은 역사자료를 통해 확인할 수 있어요. 교토에 있는 '이총耳塚'만 해도 도요토미 히데요시豊臣秀吉가 일으킨 임진왜란 때 일본군에 죽임을 당한 조선인들의 '귀무덤'이잖아요. 조선통신사들이 묵었던 사찰도 있고. 이러한 역사의 현장들을 현지학습을 통해 한일 청소년들에게 알리고 역사인식을 높이고, 정확히 교육하는 일들을 누군가는 해야 합니다.

제가 코로나 펜데믹이 있기 전, 2017년 교토민단본부 창립 70주년기념식에서 조선통신사행렬도를 재현하여 '종사관從事官'역을 맡았고, 2020년에는 조선통시사의 '부사副使'를 맡았어요. 날씨가 좋은 날에 교토 중심지를 자동차로 1시간가량 퍼레이드 했는데, 엄청난 인파들이 몰려 사진을 찍고 손을 흔들며 환영해 주었습니다. 이런 역사적인 행사를 지속적으로 할 필요가 있습니다. 민단중앙본부가 발행하는 민단신문, 교토민단이 발행하는 기관지 등을 통해 재일동포 2세, 3세들에게 역사교육, 민족교육을 실시하고 있지만, 앞으로 자라나는 후세들에게 우리의 역사문화유산을 제대로 알리면서 소중히 계승할 수 있도록 해야만 합니다. 교토민단본부의 상임고문으로서 저도 협력할 겁니다.

김환기 코로나 펜데믹도 있었지만, 최근 몇 년 동안 한일관계는 정치적, 사회문화적으로 최악으로 치달으며 파탄양상을 보였습니다. 한일양국은 정치경제, 사회문화 거의 모든 면에서 빗장을 걸어 잠그고 외면했는데, 현재는 "NO JAPAN, NO KOREA"가 언제 있었던가 싶을 정도로 양국의 교류가 활발해졌습니다. 한일양국을 오가는 양국 국민들이 사상 최고라는 뉴스도 있습니다. 재일동포문제를 비롯해, 바람직한 한일관계 구축을 위해 양국은 어떤 일들을 어떻게 추진해야 하는지 듣고 싶습니다.

왕청일 역사적으로 한일관계는 복잡합니다. 특히 일제강점기로 상징되는 '負'의 역사성을 안고 있는 재일 코리안들의 입장은 더욱 그렇습니다. 민단과 조총련도 그렇지만, 이제 한국과 북한도 이데올로기적 대결구도를 청산하고 민족의 통일을 위해 함께 노력해야 합니다. 일본과도 공동선을 추구하며 미래로 나아가야 합니다. 절대로 "치욕적인 역사를 잊지 않되 건설적인 양국의 미래"를 열어가야지요. 국가의 발전과 번영을 위해서도 그렇고, 앞으로의 후손들을 위해서도 그렇습니다.

재일동포 사회도 저출산이고 귀화하는 사람도 증가합니다. 재일동포 2세인 저는 부모님의 민단관련 일을 이어받아 오랜 기간을 일해 왔습니다. 지금도 교토민단본부의 상임고문으로 봉사하고 있는데요. 근래 한반도를 둘러싼 국제적인 상황은 복잡해졌어요. 좋을 때도 있었고 나쁠 때도 있었고, 혹독하게 왜란倭亂 호란胡亂에 한국전쟁까지……. 그렇게 굴절된 역사를 뚫고, 그래도 유구한 오천 년의 역사를 이어왔지 않습니까. 저는 남북한도 그렇고, 한일관계도 그렇고, 우리가 어떤 가치로 어떻게 대응하느냐가 중요하다고 생각합니다. 그런 측면에서 재일동포의 역할은 중요하지요. 경계를 넘어 '코리안 디아스포라'의 위치에서 글로컬Glocal 경쟁력을 갖춘 해외동포들이 통일조국을 만들어 가는데 큰 역할을 할 수 있다고 봅니다.

제가 재일동포 2세로서 계속해서 조선의 역사를 생각하고 문화예술을 사랑하는 것도, 궁극적으로 남북한의 통일, 한일 간의 발전과 번영, 동아시아의 평화로 이어지는 길입니다. 〈교토왕예제미술관〉을 통해 더욱 활발하게 문화예술의 교류장을 만들고 싶어요. 나라와 나라는 국제國際, 시민과 시민은 민제民際, 예술과 예술은 예제藝際니까요. 언젠가 재일동포의 입장에서 후쿠오카福岡 형무소에서 옥사한 시인 윤동주를 생각하며 「빼앗긴 땅을, 하나의 조국에」란 감상시를 쓴 적이 있습니다.

「빼앗긴 땅을, 하나의 조국에-시인 윤동주」

1917년, 식민지의 자식으로 태어나
1945년, 후쿠오카 형무소에서 옥사할 때까지
17년의 생애
잊을 수 없는 한일 치욕의 역사

그러나 시인은
치욕없는 삶을 관철하다
밤하늘에 빛나는 별처럼
한없이 투명한 순수를 남기고
영원히 잠드셨습니다.

"육첩방은 남의 나라"(윤동주)

"지금은 남의 땅"(이상화)

빼앗긴 조국의 봄을

되찾는 시인의 생각은

바야흐로 남과 북에

갈기갈기 찢어진 조국 땅을

하나로 잇는 통일의 시로

다시 태어났습니다.

한일의 국민적 시인이 된

윤동주의 영혼이

육중한 치안유지법의 열쇠를 열고

과거의 어두운 치부를

세상에 드러내겠지요.

과거와 성실하게 마주하며

미래의 희망을 함께 만들어 갈 수 있는

기쁨에 감사드립니다.

그것은 남한과 북한, 한국과 일본, 동아시아 제국諸國이 "잊을 수 없는 치욕의 역사"로 상징되는 "과거와 성실하게 마주하며 미래의 희망을 함께 만들어 갈 수 있는 기쁨"을 믿기 때문입니다. 그러한 미래지향적인 작업을 동국대일본학연구소와 함께 하고 싶습니다.

교토 도시샤(同志社)대학에 세워진 윤동주 시비

김환기 이사장님 감사합니다. 동국대일본학연구소 소장으로서 어깨가 무거워집니다. 개인적으로 해방정국의 좌우/남북한의 대립과 혼란상을 '적국의 언어'일본어로 서사화한 김석범의 대하소설 『火山島』를 우리말로 번역하면서, 굴절된 일제강점기와 말살된 4·3의 역사를 온전히 기억하고 되살리는 작업은 아무리 강조해도 지나치지 않겠다고 생각했습니다. 그리고 첫 번째 특별대담을 추진했던 이어령 장관님께서 하신 "재일 코리안 왕청일 이사장과 일본학연구소가 합심해서 등가성 논리로 한중일이 '가위바위보'를 할 수 있는 넥스트 제너레이션Next generation을 키워야 한다"는 말씀이 떠오릅니다. 미력하지만, 일본학연구소 소장으로서 민족의 통일, 한일 양국의 화해와 번영, 동아시아와 세계평화에 도움이 되는 일이

글로벌 리더가 말하는 한국

무엇인지 고민하겠습니다. 이사장님 좋은 말씀 감사합니다.

■ 이 특별대담은 학술지 『일본학』 제60집(동국대일본학연구소, 2023)에 게재되어 있다.

글로벌 리더가 말하는 한국

초판 1쇄 인쇄 | 2024년 12월 24일
초판 1쇄 발행 | 2024년 12월 31일

지은이 김환기

펴낸이 한정희
편집·디자인 한주연 김지선 김한별 양은경
마케팅 유인순 하재일

펴낸곳 역사인
출판신고 제 406-2010-000060호

주소 경기도 파주시 회동길 445-1 경인빌딩 B동 4층
대표전화 031-955-9300 | **팩스** 031-955-9310
홈페이지 www.kyunginp.co.kr | **전자우편** kyungin@kyunginp.co.kr

ISBN 979-11-86828-33-5 03300
값 17,000원